GPA 与中国水处理服务采购

GPA & Sewage Services Procurement in China

李　娜 / 著

中国环境出版社 • 北京

图书在版编目（CIP）数据

GPA 与中国水处理服务采购/李娜著. —北京：中国环境出版社，2016.11
ISBN 978-7-5111-2932-1

Ⅰ. ①G… Ⅱ. ①李… Ⅲ. ①政府采购制度—研究—中国②污水处理—研究—中国 Ⅳ. ①F812.45②X703

中国版本图书馆 CIP 数据核字（2016）第 255253 号

出 版 人　王新程
责任编辑　陈金华
责任校对　尹　芳
封面设计　宋　瑞

出版发行　中国环境出版社
（100062　北京市东城区广渠门内大街 16 号）
网　　址：http://www.cesp.com.cn
电子邮箱：bjgl@cesp.com.cn
联系电话：010-67112765（编辑管理部）
010-67113412（教材图书出版中心）
发行热线：010-67125803，010-67113405（传真）
印　　刷　北京中科印刷有限公司
经　　销　各地新华书店
版　　次　2016 年 12 月第 1 版
印　　次　2016 年 12 月第 1 次印刷
开　　本　787×960　1/16
印　　张　11.25
字　　数　176 千字
定　　价　45.00 元

序：在历史与现实中的相宜

Histories make men wise

—— Francis Bacon

如果一个人不掌握历史事实，不具备适当的历史感或所谓历史经验，他就不可能指望理解任何时代（包括当前）的经济现象。[①]

—— Joseph Alois Schumpeter

1839—1842 年，英国人戏剧性地打败了中国。

—— Arnold J. Toynbee

在我动笔写这些文字的时候，才是乙未年腊月的第一天，而家父在 2016 年到来之前的一个多月就告诉我，院子里的腊梅开了，却是暗香浮动不见花容，只因腊梅长而大的叶子虽然黄了却坚决不肯“化作春泥更护花”[②]。家父竟然为已经怒放的腊梅花鸣起不平来，并且用他已经不怎么灵便的双手把那些遮蔽了花儿的叶子统统赶下树来！

不过，腊梅花也好，腊梅叶也好，到底是谁的不是呢？二者必居其一乎？

---

① [美]约瑟夫·熊彼特. 经济分析史（第一卷）[M]. 朱泱，等译. 北京：商务印书馆，1991.

② 龚自珍. 己亥杂诗·其五.

既谓“腊梅”，自然是在寒冬腊月为春的使者，英人谓之Winter Sweet，亦是贴切；父亲怪罪腊梅叶不肯及时“退居”下来是不是有失偏颇？难道就不会是腊梅花不待花时的心燥气急？

我理解，家父要我明白的是，最好莫过合时宜；我还要表达的是——不仅要合时宜、还要合事宜，更兼人宜！也算是有其父必有其子吧。

什么是“时宜”呢？

“文章合为时而作”①，所有的文字都是对人类曾经或者正在经历的记述和理解。

自然，文字要对所有人负责：你永远不能尽知，在何时何地有何人正在翻开你的著作，满怀期待着你的启示。

而归根结底，文字是写给活着的读者的。每一个读者都期冀在他翻动书页的手指间流出的是真实的生活及其给予他所生活的时代的生活真谛。

从而，文字也是最为沉重的，它负载着人类的所有愿景以及所有错误！

为文字者，自当面对现实，更当面对历史。

文字是人类的，自然要为人类服务；而最好的文字一定是为人类的根本利益服务的！也许，正是这一点才使得文字具有了“惊天地泣鬼神”②的力量！

什么是人类的根本利益呢？自然是，也只能是人类自身的永续生存。人类延续的进程，就是历史学意义上的文明的传承。这种传承，除了人以及人类的创造物，便是文字。

文字既是人类的，文字也就自然是文明的直接载体。而文明之直接表达的不也是——人类由于文字而开始了主宰自己命运的征程——这个征程

---

① 白居易. 与元九书.

② “仓颉作书，而天雨粟、鬼夜哭。”（《淮南子·本经训》）

难道不是“惊天地泣鬼神”吗？！“人类是生物圈中比生物圈力量更大的第一个居民。人类获得了意识，这使他能够作出选择，制订计划，采取行动，阻止自然界像消灭其他威胁和损害着生物圈的物种那样消灭人类。”①

人类的每一次选择或者人类的某一部分的选择及其结果，便是一个时代或者是某一部分人类的某一部分时代。

极目历史的长河，无论是整体还是部分的人类所选择的河段，其中多少河水多少泥沙？

什么是“事宜”呢？

分离出“河水”与“泥沙”，我们便能够从其比例获知，人类一直以来的行为是否合适而恰当——万千年来，人类真的主宰了自己的命运，还是正在毁灭自身？！

我想，这是今天所有学科都必须回答的问题，不仅因为这所有的学科都是为文字书写的，还在于这所有的学科都曾宣称为了人类的幸福生存，尤其是经济学！

1725 年，爱尔兰—苏格兰牧师、哲学家哈奇逊（Francis Hutcheson，1694 —1746）最早提出善的衡量乃在于“为最大多数人的最大幸福”②。1768 年，边沁（Jeremy Bentham，1748—1832）则视之为“道德和立法的基准”(the greatest happiness of the greatest number is the foundation of morals and legislation)，并以之为其哲学理论的基本原理（fundamental

① [英]汤因比. 人类与大地母亲（下卷）[M]. 徐波，等译. 上海：上海人民出版社，2012.

② “the greatest happiness for the greatest number”(《关于道德善与恶的探究》第三节)；Francis Hutcheson. An Inquiry Concerning Moral Good and Evil. SECTION III：The Sense of Virtue，and the various Opinions about it，reducible to one general Foundation. The Manner of computing the Morality of Actions. //Francis Hutcheson. An inquiry into the original of our ideas of beauty and virtue：in two treatises，edited and with an introduction by Wolfgang Leidhold，Liberty Fund，Inc. 2004.

axiom)[①]——“最大多数人的最大幸福是衡量善恶的尺度。”[②]作为经济学家，边沁自然也乐意把这把尺子运用于经济学，事实上，人们的“最大幸福”(maximum happiness)也正是经济学的追求。

萨缪尔森(Paul Anthony Samuelson，1915—2009)的幸福方程式，则是用其发挥数学天赋而以经济学语言对老子早在2 000多年前即已阐明的道理再好不过的重新诠释——

幸福=效用/欲望[③]

“祸莫大于不知足”[④]。

你需要的越多，失去的也就越多；个人如斯，人类亦如是！

这就要反躬自问：我们能否把握适度而把我们这一代人的事做好，做好的标准是不扼杀后来人的机会、不牺牲后来人的幸福，也就是我之谓为的“事宜”。

王朝不能够一世、二世以至于万世，而人类的最大福利无过于作为人类这一种属的生生不息。如果人类真的是理性的，又何能并且何苦至于——不择手段、不计后果地通过工业化并“以不公正和痛苦为代价而使国民生产总值得到增长”[⑤]“使生物圈，包括人类本身遭受到前所未有的威胁”[⑥]？

又何至于——“直到工业革命爆发200年之后，人类才醒悟到：机械

① Bentham，Jeremy. Collected Works（1968）. London：Athlone Press，x，p. 142.

② “It is the greatest happiness of the greatest number that is the measure of right and wrong. ”[Bentham，Jeremy（1977）. Burns，J. H; Hart，H. L. A. ，eds. A Comment on the Commentaries and A Fragment on Government. London：The Athlone Press. p. 393.]

③ Happiness equals utility divided by desire（幸福等于效用除以欲望，即 Happiness = Utility / desires）。Samuelson，Paul A. ；Nordhaus，William D. （2009），Microeconomics – Chapter 5. McGraw Hill Higher Education；19th Revised edition.

④ “罪莫大于可欲，祸莫大于不知足；咎莫大于欲得。”（《老子》四十六章）

⑤ [英]汤因比. 人类与大地母亲（下卷）[M]. 徐波，等译. 上海：上海人民出版社，2012：607.

⑥ [英]汤因比. 人类与大地母亲（下卷）[M]. 徐波，等译. 上海：上海人民出版社，2012：611.

化所带来的影响正在对生物圈造成威胁，使它不仅在局部地区而且在全球范围内正在成为不可生存之地，不仅不适于所有生物的生存，尤其不适于人类的生存”[①]？

回到前面的问题，我的回答是，今天能够摧毁文明的力量肯定不再是自然的力量了，而是人类自己。

什么是“人宜”呢？

“造成这种社会弊端的原因在于那些掀起工业革命的企业家们的动机。他们的动机是贪欲，而贪欲则使人们摆脱了传统的法律、习惯和意识形态的束缚。”[②]

达尔文看到了自然选择，人类应当有能力做出合乎自身长远利益的人类选择，正如民主制度下的政治领袖的选择一样，人类同样应当有能力做出在一切领域选择那些为了人类长远利益的服务的人类分子——能够如古罗马的塔西佗那样“为前辈着想，也要为晚辈着想”，而不是如同今天的现实这般无所作为，而听凭冒险家们把我们唯一赖以生存的这个星球作为其寻欢作乐的场所，而置最大多数人的最大幸福于不顾！

今天，在全世界范围内方兴未艾的“绿党”正在作出这样的努力，而依然遵循着现代化逻辑的人们同样也在作出相应的努力，如李娜正待给我们解释的“GPA”以及她的研究成果——《GPA与中国水处理服务采购》。

幸福应该属于每一个人，更是每一个人的人生目的及其意义，为什么要有例外或者被排除在外的人呢？因而，人类是并且必须是站在一起的完整的利益共同体。然而，现实的世界远非如此，往往只有一部分人甚至是少部分人能够心满意足！这就是为什么人类要坐在一条板凳上共同制定出

① [英]汤因比. 人类与大地母亲（下卷）[M]. 徐波，等译. 上海：上海人民出版社，2012：611.

② [英]汤因比. 人类与大地母亲（下卷）[M]. 徐波，等译. 上海：上海人民出版社，2012：609.

规则和制度的缘由，我想，这也是李娜写作本书的出发点——不忘初心，方得始终！

不幸的是，一场本可避免的悲剧把原本桃花源般的中国引向了完全陌生也是完全相反的不归路——现代化。

中国的现代化可以说是林文忠公（1785—1850）开启的，是他导向了中国人对自己处境与应变方式的认知："师夷长技以制夷"①。而我最为担心的是，自曾文正公（1811—1872）迈出"洋务运动"第一步②以及盛宣怀（1844—1916）于1872年筹办第一家民营船舶工业企业以来，持续近150多年的工业化与城市化最终几近毁灭中国这一唯一绵延未绝的独特文明，也就是最终灭绝了中国，哪怕中国在地理上、在地图上还一直存在！

工业化、城市化毁坏了我们的村庄，也就毁坏了我们的故乡。

失去了故乡，也就失去了中国。

在为金矿先生的演说与演唱专场制作的海报上，我写下了——

民族的才是世界的，民间的才是中国的。

我想表达的是，中国的现代化一定要是中国的，也就是要遵循中国路线，走中国道路！而不是只知一味地奉行"拿来"③！中国人的现代化事业一定要是中国人自己的——也就是一定要切合中国的！而不是仅仅是名义上的"中国特色"或冒牌的"中国化"。

相反的情形是，西方人却在为以不断追赶世界先进水平的中国人送来

---

① "是书何以作？曰：为以夷攻夷而作，为以夷款夷而作，为师夷长技以制夷而作。"（魏源. 海国图志·原叙[M]. 郑州：中州古籍出版社，1999：67.

② 1861年，曾国藩创办的安庆内军械所是中国最早的近代军事工业，成功建造中国第一艘轮船"黄鹄"号。

③ "总之，我们要拿来。我们要或使用，或存放，或毁灭。"（《拿来主义》，鲁迅先生写于1934年6月4日）

“逝者如斯——中国乡村文化研究”以及《中国正在消逝的世界》[①]。这是“源于瑞士的社会学家和摄影家孟牧轩（Matthias Messmer）和文化研究者庄新眉（Hsin-Mei Chuang）对中国乡村所进行的田野研究。”[②]

社会的进步需要有心的人[③]，此亦“文所以载道也”[④]。

然而，好的愿望往往不能够达到好的结果。现实之中的各国政府都在为当代人的幸福感的增加而不惜牺牲未来、牺牲后代的幸福，并且不仅仅是物质资源的空前绝后的消耗，更在于对未来人的生存环境毫无顾惜乃至肆无忌惮的攫取和掠夺。我和李娜之所以引为知己，莫过于我们心中最为痛惜的是，作为人类最为独特的、唯一以环境与生态唯美的国度的中国，在今天却难得一见青山与绿水，更难得一见蓝天与白云！只因为我们全盘接受了现代化，也就是正在中国全面实施的工业化与城市化！甚至，一个以书写最优美的文字为骄傲的民族，他们的后代，在今天都不那么乐意书写伟大的先人——仓颉的创造物了！

我为李娜的书写下这些似乎与她将要展现在我们面前的思考相干与不相干的文字，正是因为我理解李娜的思虑。愿她的文字能给你更多的理智——一个合规的世界，会不会是一个更为绿色的世界呢？

---

① Messmer，Matthias；Hsin-Mei Chuang（2013）. China’s Vanishing Worlds：Countryside，Traditions，and Cultural Spaces，The MIT Press.

② “自 2006 年起，他们在 7 年的时间里，走访了遍及中国大陆的 21 个省市区的 50 余个自然村和镇，从建筑、民间艺术、宗教、风水、教育、环境、文化保护、农业生产，以及农村公共政策等各种角度展开实地考察和研究，并出版了《中国正在消逝的世界》。”（李丹. 专访梁鸿：研究中国的老外更善于发现乡村生活中的真实. 2015-11-10 . https：//www. thepaper. cn/newsDetail_forward_1394599. ）

③龙应台. 倾听一个人的记忆. http：//v. qq. com/cover/f/fqiwndj23db1pto. html？vid=z0019uv2y3z&pgv_ref=aio2015&ptlang=2052.

④周敦颐. 通书・文辞.

历史是最具有指向性的看得见的手。合规何如相宜？

中国智慧如果以一言以蔽之的话，我想，莫过于“天时地利人和”。凡是“天时地利人和”，万事皆宜。[①]这也就是我所期望的——

合适的人，在合适的时间、合适的地点，用合适的方法做合适的事。只有合适的人才能成就合适的事业！

李娜意识到中国读书人的责任——现实的、历史的，她对我说要把中国读书人的这份承担不仅担当起来还要传递下去。

GPA 的谈判完成后，中国会面临很多适应性的“应急反应”，而“应急反应”往往对自身伤害深重。李娜未雨绸缪，以反哺的方式将与GPA相关的核心概念和术语深入浅出地详加解读，对中国市政污水处理服务市场化改革走过的历程和经验、服务的采购和管理模式、相关的法规条例进行了系统的梳理，对企业竞争力和管理者面临的风险做了认真的调研和判断，因此，《GPA与中国水处理服务采购》可谓一本为读者贴心著述的科普读物。

更为重要的是，作者深为关切中国对外开放政府采购市场之后的中国环境，并前瞻性地提出一些发人深省的问题。

中国数十年来一直变更、调整着自己的步伐，力求赶上时代的列车。从而，中国通往有利于环境公平的新经济及其秩序的进程，只能取决于我们当下迈出的每一步。

人总是为自己所知所误，所以经济学假定了人能够获知一切，因此人也就不会犯错误。只可惜这是假定，在这一假定的背后，是人类持续不断地犯错致误，人类无时无处不在表现自己的无知以及因为无知而致的失败

① “农夫朴力而寡能，则上不失天时，下不失地利，中得人和，而百事不废。”（《荀子·王霸篇》）.

甚至罪恶！

当下，人类最大的错误甚至罪恶无过于对人类自身生存环境的毁坏！“错误就在于人们把自己幸福的图景当作欲望的实现。”[①]“人若赚得整个世界，却送掉生命，又有什么益处呢？你还能用什么来赎回生命呢？”[②]“在我们这一代，人类完成了对整个生物圈的控制。这可能会使生物圈遭到毁坏，将包括人类在内的一切生命加以消灭，从而挫败人类的各种意图。”“看来人类将难以逃脱那恶魔般的物质力量和贪心的报应，除非他使自己弃邪归正，放弃现在的目标，接受相反的观念。”[③]

人“乃是被自己的私欲牵引、诱惑的。”[④]而从集市上回来的苏格拉底（Socrates，469 BC—399 BC）对学生说：“世上原来有那么多我并不需要的东西。”

倘若改邪归正，今天的人类唯有四件事要做：改变态度、改变认知、改变规则与改变行为。人类留给自己的时间与机会早已在过去的三个世纪之中耗费殆尽了。

“他山之石，可以攻玉。”[⑤]因此，我非常肯定李娜经年累月的劳作，这样的劳作定会有助于人类行为的矫正，这是严峻的现实的逼迫。我还想指出的是，我们还要从我们的祖先那里汲取营养，那是中国的根本。

我们生活的世界这么广大，我们的眼光要更加宽阔些；

我们曾经的历史这么悠久，我们的思想要更加长远些。

---

① “The mistake men make in picturing to themselves happiness as the realization of their desires.”（Anna Karenina，Part. IV，Ch. 4）.

②《新约·马可福音》8：36，37；《新约·路加福音》9：25。

③ [英]汤因比. 人类与大地母亲（下卷）[M]. 徐波，等译. 上海：上海人民出版社，2012：20.

④《圣经·雅歌》1：14。

⑤《诗经·小雅·鹤鸣》。

巴山楚水凄凉地，二十三年弃置身。
怀旧空吟闻笛赋，到乡翻似烂柯人。
沉舟侧畔千帆过，病树前头万木春。
今日听君歌一曲，暂凭杯酒长精神。[①]

今天，我们能不能作出选择？能不能作出正确的选择？如果仍然要由后代来给出回答的话，人类或者人类的某一部分，就仍然没有真正的进步！

坐在“和谐号”动车里，望着车窗外月光下的新雪闪烁的迷茫以及分辨不清是城是乡的一片又一片的灯火辉煌，忽然想起外婆家门前那一株不知道年岁的白果树；按照我现有的知识和能力推算，这位“老人家”不会比宋朝的开创者年少，而外婆竟已不在人世多年。老白果树，在外婆出世之前以及在世的时候，一直被外婆村里的乡亲们奉若神明；它自然也就是我童年和少年时代记忆里最为高大伟岸的事物。

读者诸君，您能否告诉我，这株白果树，千百年来生机盎然的奥秘吗？

二〇一六年一月十日草于南京财经大学老图书馆教师阅览室
二〇一六年一月廿三日改于 D3126 列车 5 车厢 14B 座

① 刘禹锡《酬乐天扬州初逢席上见赠》。

自 序

我国自2007年启动了加入《政府采购协定》（Goverment Procurement Agreement，GPA）的谈判工作，因工作相关，笔者跟踪研究了环境服务的政府采购状况。环境服务中污水处理服务目前已经开放，本书的主体以污水处理服务为主，从一个领域可以反映出很多问题，与其他领域有一定差别，但也有很多相通之处，尤其是在管理体制方面，可做借鉴。

本书第1章是根据笔者的理解，对GPA及其规则和术语做的、尽量平白的解释。因为在研究过程中，这部分曾经困扰课题组很长时间，虽然有资料可查，这些单词仍然让人觉得距离遥远，含混不清。第1章可为刚入门的读者破冰。

第2章～第7章是根据笔者承担的城镇污水处理服务的政府采购研究报告整理，研究内容包括污水处理服务的定义、内涵、我国的政府采购市场状况和机制、政策环境，以及加入GPA后我国环保产业的国际竞争力、国内社会可能面临的风险，最后提出适应GPA规则需要调整的政策建议。涉及问题领域宽泛、受限于资料数据和知识背景，虽已尽力挖掘考证，仍然难免有错漏之处。根据分类还有大气、固废、土壤、生态等环境服务，与污水处理服务的管理和采购有类似而又有差别的状况，可以做借鉴。这部分可作为进一步深入研究者的踏脚石。

第8章是在研究过程中，对一些问题的思索。本章不限于污水处理服务，而是着眼于环保部门的管理职责。有些问题可能还没有受到管理部门的关注，或者即使意识到、但仅凭一个部门努力难以得到妥善解决。为了适应未来新规则，很多法律、规范要重新修改，工作思路和工作方式要大幅度转变，环境部门要承担重要的任务，而地方政府有更紧迫的需求。这部分适合管理部门的读者，希望能对管理部门起到提示作用，加紧开展相关准备工作。

在研究期间，课题组走访了江苏、河北和北京等几个省、市，与环保、财政厅等部门官员、国有和民营环保企业主管、环保行业专家进行了探讨。对了解我国现行的政府采购体系具体运行情况、环保行业发展的真实情况和竞争力、企业对政策的需求、开放带来的利弊和风险很有帮助，企业家对行业的发展判断和思路对本研究深有启发。我国目前的政府采购体系正在探索环境服务领域，将来的规制建设还有很多工作要做；环保行业虽然仍处在起步阶段，但是面对全世界史无前例的复杂、严重的污染问题，多年的摸索使环保企业已经具备一定的经验和技术储备，企业家们有信心迎接开放后的挑战。同时，环境管理部门和行业专家也一致认为开放对环境质量提高更有利，正是多数专家的共识、企业家对开放、公平、透明的竞争环境的渴望，坚定了我们对开放的信心。同时，我们也了解到，以往出台的对环保企业的优惠政策并不十分有效，除了认定程序烦琐、附带条件多造成的名义优惠难以落实以外，实际可获得的优惠力度微乎其微也是企业不积极争取的主要原因，而国家和地方各类财政补贴和资金支持项目又明显向大、中型国有企业倾斜，对众多的小、微民营企业参与竞争极不公平，难以起到扶持产业发展的作用，未来的政策需要更贴合企业实际需求。面对开放后的风险因素，需要分清哪些是真正需要防范的风险，提前做出应对方案，哪些是维护既得利益的借口或过度担心。

本研究领域在我国还比较新，但是其后的影响面会很宽、也很长远，本书仅仅是个起步和预告，许多重要问题都需要加大研究投入：从GPA规则的角度看，党的十八大以来“让市场对资源配置起决定性作用”“依法治国”等改革思路都是顺应国际规则的，但在我们的环境准入制度不严格，环境监管能力严重不足，配额、补贴等行政手段的使用受到限制的条件下，“两高一资”产品出口贸易规模扩张下，如何提高我们的环境质量有可能成为更加棘手的问题。值得欣慰的是，新环保法对政府权责的明确界定更有利于加入GPA后的政策环境，依法治国、司法独立都是管理手段和能力进步的表现。

【致谢】

本研究得到了环境规划院葛察忠先生、王东先生、环保部规财司王圻女士、国际司程伟雪先生、董瑶女士、政法司王夙理先生、科技司姜宏先生、北京市环保局任和平先生、武江津女士、江苏省环保厅季炳贤先生和戴明忠先生、国务院发展研究中心周宏春先生、中国政法大学王灿发先生、环境商会骆建华先生、环保部政研中心原庆丹先生和李丽平女士、中国环保产业协会李宝娟和莫杏梅女士、中国环境科学研究院宋乾武先生、北京市环卫集团赵勇先生、北京市排水集团葛勇韬先生和黄昀先生、北京市高碑店污水处理厂、桑德集团魏娓女士、中国标准化研究院尹彦女士、国家信息中心吕汉阳先生、北京北科博佳招标代理有限公司的李连东先生等许多领导、专家和企业管理者的关怀、支持和帮助，在此表示感谢，特别感谢南京财经大学顾学宁先生和中国环境出版社陈金华女士，专业上的支持和精神上的鼓励，帮助我最终能够完成此书。

李　娜

2016年元月

寓　言

假如按照淘宝的方式管理我所在的咨询服务行当会是什么情景——我们和全世界任何人或组织都可以把自己所做的环境规划、环境影响评价业务明码标价挂在网上，后面跟着一堆前用户的评价，每月有销量显示，做得好的有钻石；同质产品多、门槛低、服务不好只能不停降价、搞促销；好的业务人员随时可能跳槽到好口碑的公司；第三方支付，客户不满意还得给人家退款；售前客服必须亲切而专业，售后客服必须耐心而无耻；太难缠的客户也可以给客户差评，列在“暂时无能力提供服务的客户”黑名单里；政府就像天猫管理员一样，天天巡检、接投诉，看谁有违章或者疑似违章操作，如伪单、串标、共谋，就把谁挂起来，停一段，严重的踢出去……我觉得这就是加入 GPA 真的全面开放后的公开、透明、市场定价的咨询服务市场。刚开始可能是一场不择手段的饥饿游戏，但是经过厮杀，能够生存下来的大赢家将会携手共同建立一个新秩序：游戏规则明确、竞争相对公平、交易自由繁荣、买卖双方视声誉如性命。而新的进入者从一开始就在新环境下生长，即使原来的赢家又被淘汰，但新的游戏规则已经被大家接受而稳定下来。

目 录

图表目录

专栏目录

第1章　背　景

政府采购协定（Government Procurement Agreement，GPA）是WTO中部分成员自愿参加的开放政府采购市场的诸边协定，目前有47个成员，主要是发达国家。欧美等国希望更顺畅地进入中国巨大的政府采购市场，而中国也期待实现“以开放促改革、规范政府行为、推进市场化改革”等战略目标，因此中国于2007年启动加入GPA的谈判。

1.1　什么是GPA，我们为什么要加入

1.1.1　什么是GPA（政府采购协定）

政府采购协定（GPA）是WTO项下的一个自愿参加诸边协定。

WTO项下有两类协定，一类是“一揽子”多边协定，加入WTO即受到这些协定的约束，包括《货物贸易多边协定》《服务贸易总协定及附件》《与贸易有关的知识产权协定》；还有一类是可以自愿选择参加，仅对参加方有效，原来有4项，目前只有《政府采购协定》和《民用航空器贸易协定》两项仍然有效，另外两项已废除。

诸边协定：是两个国家之间的协议，需要一对一谈判，工作复杂。例如，中、美之间的开放范围可以和中、韩之间不同，也可以与美、韩之间不同，双方根据自己的利益所在，协商对等开放的清单，具体是开放范围对等还是开放的市场规模对等没有一定之规，于是就有出价、要价、讨价、还价的过程。和诸边协定相对的还有多边协定，是指多个国家共同协定，对所有参加方一致，即中国对美国

开放的项目也必须对韩国开放，不需要一对一谈判。GPA 是诸边协定。

出价，即己方可以开放的范围；要价，即希望对方开放的范围。出价、要价是 GPA 谈判的主要内容，只有中国开放足够多的政府采购领域，才有可能被现有参加方允许加入 GPA。目前中国加入 GPA 主要谈判对手是欧盟和美国。

GPA 与 WTO 的不同 WTO 针对普通商业消费市场，对象是一般消费者，是企业与企业签订合同需要遵循的国际贸易规则；GPA 针对公共产品消费市场，对象是政府，是政府与企业签订合同、履行合同时需要遵循的国际贸易规则。目前 WTO 的参加方有 157 多个，其中只有 47 个是 GPA 成员[①]，以欧、美等发达国家为主。

GPA 参加方：美国、欧盟及其 27 个成员国（奥地利、比利时、丹麦、芬兰、法国、德国、希腊、爱尔兰、意大利、卢森堡、荷兰、葡萄牙、西班牙、瑞典、英国[②]、匈牙利、波兰、捷克、斯洛文尼亚、斯洛伐克、爱沙尼亚、立陶宛、拉脱维亚、马耳他、塞浦路斯、罗马尼亚和保加利亚）、加拿大、瑞士、列支敦士登、荷属阿鲁巴、挪威、冰岛、以色列、日本、韩国、新加坡、中国香港、中国台湾、亚美尼亚、新西兰、黑山、摩尔多瓦、乌克兰等（后面表 1-3 列举了各参加方的环境管理部门）。

GPA 对“政府采购”的定义为“公共部门为履行公共职能，使用公共资金所进行的货物、工程和服务的采购。”

> 我国的“政府采购”指的是“政府机构使用财政资金进行的采购”，通常认为是政府机构用于日常工作进行的通用物品采购，如车辆、计算机等，与 GPA 参加方的要求开放的领域分歧最大的是——不包含国有企、事业单位为提供公共职能而进行的采购，也没有明确政府提供的公共职能的范畴。

（1）GPA 的作用。为外国企业创造一个获得政府采购合同的公平竞争环境。

（2）GPA 目标。GPA 的目标为 4 个方面：①促进政府采购市场的开放；②扩大国际贸易范围；③提高国际贸易自由化程度；④反腐败。

2012 年修订版中增加了依照《联合国反腐败公约》等适用性文件避免利益冲突和腐败行为。

---

① 中国将在 2014 年加快加入《政府采购协定》谈判进程. [路透社]2014-12-20[EB/OL]http：//afdc. mof. gov. cn/pdlb/wmkzg/201312/t20131223_1027813. html.

② 英国 2016 年举行公投欲脱离欧盟。

（3）GPA 原则。GPA 的原则为：①非歧视原则：各缔约方不得通过拟订、采取或者实施政府采购的法律、规则、程序和做法来保护国内产品或者供应商或者在外国产品或者供应商之间造成歧视（给予其他参加方货物、服务和供应商的待遇不得低于给予本国货物、服务和供应商的待遇）；不得歧视其他参加方的货物、服务和供应商；②透明度原则：各缔约方有关政府采购的法律、规则、程序和做法都应公开，以透明和公正的方式实施采购。

（4）GPA 的协议框架和最近更新。GPA 的协议文本包括正文和附录两部分（图 1-1），正文为协议条款，附录为采购部门和补充条款。在我国启动 GPA 谈判时使用 1994 年版，2012 年，GPA 文本有了大量的改动。详见表 1-1，如电子商务成为新潮流，2012 年版本中增加了电子拍卖条款，认可在电子媒介上的信息发布，增加了公布政府采购统计数据的要求等，都是需要我们采购部门予以重视的新动态。电子拍卖也对我国政府采购平台网络软硬件环境、运行稳定性、保密和一些网络管理法规等提出了挑战。

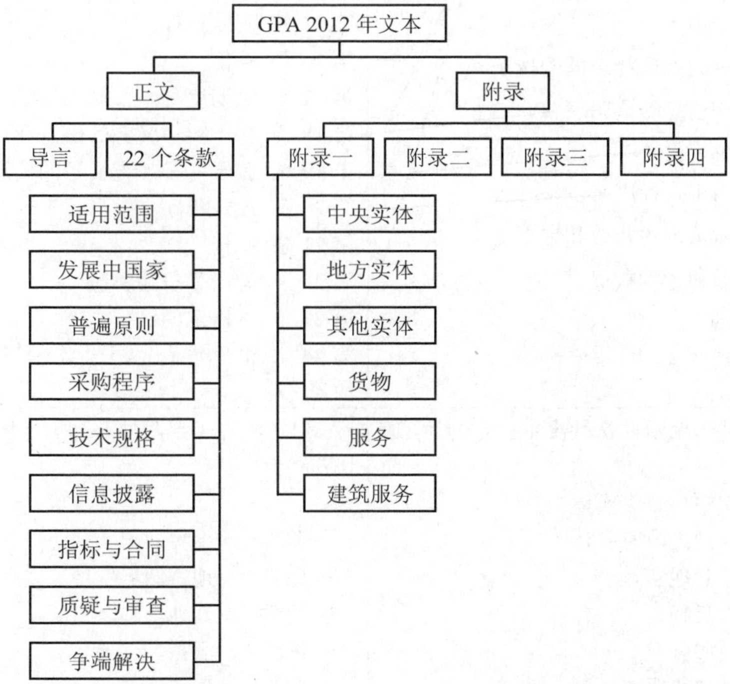

图 1-1　GPA（2012 年版）文本结构图

表 1-1　我国启动 GPA 谈判 1994 年版本和 2012 年新版本对照

2012 年修订版　正文	1994 年版本
第 1 条 定义	第 1 条 范围
第 2 条 适用范围和涵盖范围	第 2 条 合同估价
第 3 条 安全和一般例外	第 3 条 国民待遇和非歧视
第 4 条 总则	第 4 条 原产地规则
第 5 条 发展中国家	第 5 条 发展中国家的特殊和差别待遇
第 6 条 采购制度的信息	第 6 条 技术规格
第 7 条 通知	第 7 条 招标程序
第 8 条 参加条件	第 8 条 供应商资格
第 9 条 供应商资格	第 9 条 关于预定采购的邀请
第 10 条 技术规则和招标文件	第 10 条 选择程序
第 11 条 时限	第 11 条 投标和交货期限
第 12 条 谈判	第 12 条 招标文件
第 13 条 限制性招标	第 13 条 投标书的提交、接收和开启及合同的授予
第 14 条 电子拍卖	第 14 条 谈判
第 15 条 投标的处理和合同的授予	第 15 条 有限招标
第 16 条 采购信息的透明度	第 16 条 补偿
第 17 条 信息披露	第 17 条 透明度
第 18 条 国内审查程序	第 18 条 关于实体义务的信息和审议
第 19 条 涵盖范围的修改和更正	第 19 条 关于各参加方义务的信息和审议
第 20 条 磋商和争端解决	第 20 条 质疑程序
第 21 条 机构	第 21 条 机构
第 22 条 最后条款	第 22 条 磋商和争端解决
	第 23 条 本协定的例外
	第 24 条 最后条款
	注释
附录 1　附件 1 至附件 7 列出本协定的适用范围： ——附件 1　中央政府实体 ——附件 2　地方政府实体 ——附件 3　其他实体 ——附件 4　货物 ——附件 5　服务 ——附件 6　建筑服务 ——附件 7　总注释	附录 1　附件 1 至附件 5 列出本协定的适用范围： ——附件 1　中央政府实体 ——附件 2　地方政府实体 ——附件 3　其他实体 ——附件 4　服务 ——附件 5　建筑服务

2012年修订版 正文	1994年版本
附录2 参加方根据第6条公布法律、法规、司法判决、普遍适用的行政裁决、标准合同条款及有关本协定所涵盖的政府采购程序所使用的电子或纸制媒介	附录2 各参加方为公布预定招标通知——第9条第1款及授标后通知——第18条第1款所使用的出版物
附录3 参加方根据第6条公布、第7条、第9条第7款和第16条第2款所要求的通知所使用的纸制或电子媒介	附录3 各参加方为每年公布关于在选择性招标程序中的合格供应商常设名单信息所使用的出版物——第9条第9款
附录4 参加方根据第16条第5款公布采购统计数字和根据第16条第6款公布合同授予通知的网址	附录4 各参加方为公布普遍适用的法律、法规、司法判决、行政裁决及本协定涵盖的任何有关政府采购程序所使用的出版物——第19条第1款
	总备注

GPA为清单式文件，列出参加方开放的采购主体的机构名称、纳入政府采购的范围和门槛价。

采购主体（采购方、采购部门） 国家机关、事业单位、社会团体、其他公共组织、从事商业销售活动以外的国有企业和国家投资企业。

采购主体包括中央（国家、联邦）和地方机构（省、市、县），在GPA附件分别称为“中央实体”和“次中央实体”。

非营利性 不以“商业销售或转售”或用于工商业销售或转售的商品或服务的“生产为目的”进行的采购。根据这一定义，环境污染治理、生态修复等都是不以销售为目的的公共服务，属于政府采购范围。

采购范围 达到门槛价以上的工程、货物和服务，也可以是三类混合。

门槛价（Threshold） 必须进行公开招投标的项目合同金额下限。例如，中央实体服务类的门槛价均为13万特别提款权（SDRs）（约合130万元人民币），其他实体大部分不超过40万SDRs（约合400万元人民币）。

特别提款权（Special Drawing Rights，SDR） 是一种虚拟的货币当量，是国际货币基金组织创设的一种储备资产和记账单位，类似黄金，亦称“纸黄金”

（Paper Gold）。目前是由美元、英镑、欧元和日元[①]4种货币按权重换算来定值，会有一定波动，但是比使用任何单一国家货币作为国际贸易，尤其是国际期货贸易结算，对买卖双方所承担的、由于汇率波动导致的价格波动风险都更小、更公平。

例外 出于下列目的的采购可以不遵守GPA的约定：①军事物资、国家安全、国防目的；②为保护公共道德、秩序或安全、人类和动植物的生命和健康或知识产权；或与残疾人、慈善机构或监狱囚犯产品或服务。

采购方式 采用①公开招标；②选择性招标；③有限招标；④谈判采购。

GPA条款规定，通过任何契约方式，包括购买、租赁、租购，无论有无购买选择权都属于政府采购。"非契约性协议或一参加方提供的任何形式的援助，包括合作协议、授予、贷款、股份权益注入、担保及财政激励，贷款、政府债券"均不适用。

我国《政府采购法》规定的采购方式包括6种：①公开招标；②邀请招标；③竞争性谈判；④单一来源采购；⑤询价；⑥国务院政府采购监督管理部门认定的其他采购方式。在我国实际操作中以①公开招标为主，其他形式比较少，⑤、⑥在GPA中不适用，后两种方式有可能被废止。

透明度 保证所有参加方的供应商不存疑问地获得全部相关信息。

投标书和条款必须使用WTO一官方语言公布在指定纸制或电子媒介，保证其他参加方的供应商能够获取通知，与采购相关的所有法律、法规和规定也一并公布，这些规定不能在采购过程中变更，招标方有责任向供应商解释这些法规条款的含义[②]。

质疑程序 设立非歧视、及时、透明和有效的质疑程序。该条款要求采购方东道国必须设立质疑投诉的渠道和独立的仲裁机构。质疑应由一法院或者对采购结果无利害关系公正独立的审查机构进行审理，如果不是法院，该机构应接受司法审查。质疑的目的是纠正违反协议的行为和保持商业机会，因此质疑程序应及

---

① 中国政府正在积极争取将人民币纳入货币篮子中，国际货币基金组织对该提案的审查程序已于2015年11月启动。"国际货币基金组织（IMF）新闻发言人格里·赖斯重申，IMF执董会将于当地时间11月4日召开董事会，讨论人民币加入特别提款权（SDR）货币篮子议题。http://www.nbd.com.cn/articles/2015-11-04/958809.html"。

②《政府采购协定》第17条透明度。

时完成[①]。

这点在操作上与我国现行的政府采购规则有很大差别：

（1）在我国的政府采购操作流程中，独立的仲裁是在最后阶段才出现的。在我国，质疑是供应商向招标代理公司或者采购人提出，代理方或者采购人负责解释说明；如果供应商对代理公司答复不满意，才能向提出同级政府采购监督管理部门投诉，具体地说，政府采购监督管理部门指的是地方财政部门或者财政部，取决于该采购项目的资金来源；如果对投诉答复不满意才能提请法院。[②]

（2）我国流程多，耗时长，违背质疑的初衷。相比之下，我们的程序链比较长，质疑、投诉、诉讼、仲裁都有，过程耗费的时间也会相应比较长[③]，23～59个工作日才提请法院诉讼，GPA 流程中 10 个自然日就有可能走上法庭（图 1-2）。大部分问题能在招投标阶段快速解决比较理想，否则“纠正违反协议的行为和保持商业机会”的质疑目的很难实现。

（3）我国仲裁意见翻案概率小。经过前面代理公司和财政部门两轮的调节和仲裁，控辩双方应该将证据已经呈现完全，等到法院仲裁阶段，推翻原判的概率实际上很小。也就是说，自认为受到不公正待遇的供应商若想通过法律程序、向独立仲裁机构提请诉讼的成本很高，获胜概率极小。

实际上，在实行政府采购项目招投标的十几年的历史上，只有少数案例提请过行政部门仲裁，鲜有提请司法部门仲裁的。这一现象，可以部分解释为我们的政府采购过程受到严格监管，操作程序规范、漏洞很少；也可以部分解释为，我们国内的供应商因为成本高、收益低，或者法制观念不强，很少会运用法律武器来维护自己的利益。

---

①《政府采购协定》第 20 条质疑程序。

②《中华人民共和国政府采购法》第六章质疑与投诉。

③ 例如，在中国一个供应商如果于 3 月 1 日（周五）对结果不满意，3 月 11 日前提出质疑，7 个工作日后，3 月 20 日得到质疑调节意见，如果对结果仍不满意，4 月 10 日前提出投诉，15 个工作日后，财政部门在 5 月 23 日之前答复，之后提请行政诉讼，之后的时间表在采购法中没有规定，司法程序通常会更漫长。

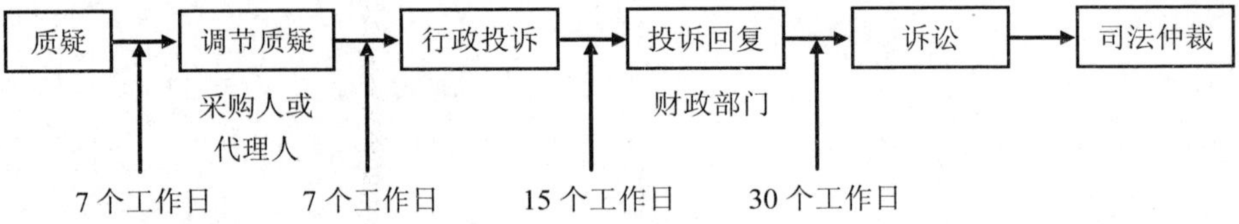

中国《政府采购法》质疑和投诉流程

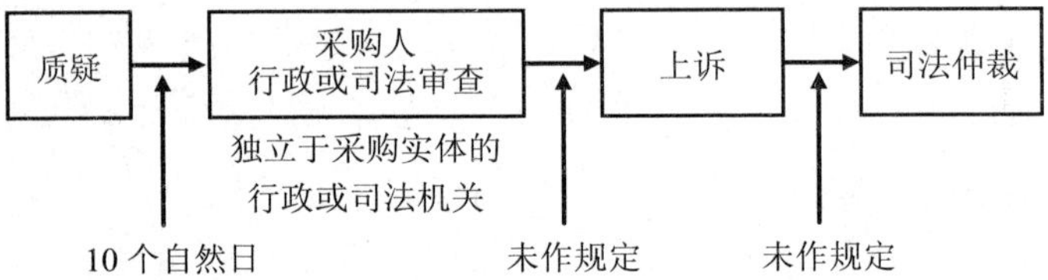

GPA《政府采购协定》质疑流程

图 1-2　GPA 与我国《政府采购协定》质疑流程对比

但是 GPA 成员方的供应商生长于法制环境，习惯于即使针对很小的违规也可能会投诉。而我们的现有质疑程序、行政管理能力和方式无法满足 GPA 要求，如果仲裁过程拖沓导致项目搁浅，也违背了 GPA 协定设置质疑条款的初衷，这一点将是我国目前管理体系中存在的最大的挑战（专栏 1-1）。我国的招投标法和政府采购法都在紧锣密鼓地修订中。

专栏 1-1　中国《政府采购法》　第六章　质疑与投诉

第五十一条　供应商对政府采购活动事项有疑问的，可以向采购人提出询问，采购人应当及时作出答复，但答复的内容不得涉及商业秘密。

第五十二条　供应商认为采购文件、采购过程和中标、成交结果使自己的权益受到损害的，可以在知道或者应知其权益受到损害之日起七个工作日内，以书面形式向采购人提出质疑。

第五十三条　采购人应当在收到供应商的书面质疑后七个工作日内作出答复，并以书面形式通知质疑供应商和其他有关供应商，但答复的内容不得涉及商业秘密。

第五十四条　采购人委托采购代理机构采购的，供应商可以向采购代理机构提出询问或者质疑，采购代理机构应当依照本法第五十一条、第五十三条的规定就采购人委托授权范围内的事项作出答复。

第五十五条　质疑供应商对采购人、采购代理机构的答复不满意或者采购人、采购代理机构未在规定的时间内作出答复的，可以在答复期满后十五个工作日内向同级政府采购监督管理部门投诉。

第五十六条　政府采购监督管理部门应当在收到投诉后三十个工作日内，对投诉事项作出处理决定，并以书面形式通知投诉人和与投诉事项有关的当事人。

第五十七条　政府采购监督管理部门在处理投诉事项期间，可以视具体情况书面通知采购人暂停采购活动，但暂停时间最长不得超过三十日。

第五十八条　投诉人对政府采购监督管理部门的投诉处理决定不服或者政府采购监督管理部门逾期未作处理的，可以依法申请行政复议或者向人民法院提起行政诉讼。

根据 WTO 官网的检索结果①，GPA 项下的争端仲裁案件，近 20 年来只有 4 例（表 1-2），没有一起与环境服务或者环境准入相关。该 4 个案例都发生在 1994 年版本协议刚刚颁布实施的几年，各国对新条款的理解有不同，4 例都是投诉东道国违反了应给予外国供应商平等参与东道国政府采购投标机会的条款。2012 年新的版本已经修订完成，在未来几年执行过程中可能会有新的争议出现，尤其是在新增条款（如电子拍卖等）方面。

表 1-2　1996—2015 年 GPA 项下的争端仲裁案件

序号	案例号	控辩双方	投诉理由	立案时间	仲裁结果
1	DS73	欧盟诉日本	导航卫星的采购标准不中立，采用美国标准	1997.3.26	原告胜诉
2	DS88	欧盟诉美国	美国马萨诸塞州出台法案违反了 GPA 规则，该法案排斥与缅甸有商业往来的公司和人员	1997.6.20	两案合并处理，原告胜诉，美国修改该法案
3	DS95	日本诉美国	同上，违反 GPA 原则的政府采购政策	1997.7.18	
4	DS163	美国诉韩国	机场建设招标没有纳入 GPA 参加方	1999.2.16	原告败诉

① WTO 官网 https://www.wto.org/english/tratop_e/dispu_e/dispu_agreements_index_e.htm?id=A15.

1.1.2 为什么欧美敦促中国加入 GPA

欧美等发达国家非常重视中国潜力巨大的政府采购市场，当然也觊觎印度、巴西等其他发展中国家政府采购市场，为了打破本国和中国政府采购中存在的各种规则壁垒，实现更大程度的贸易自由化，发达国家敦促中国尽快加入 GPA，并将其作为允许中国加入 WTO 的一个前提条件。

（1）中国政府采购市场对外商的吸引力。①多年来，中国的进、出口市场规模总量和增长速度在全世界名列前茅。②中国政府采购份额可观。通常一个国家的政府采购占整个 GDP 的 10%～15%，而中国政府在其他国家看来是权力很大、并且可以很大程度地影响大型国有企业的资金使用。政府采购范围的市场份额至少要占 30%[①]以上[②]。③政府采购集中。政府采购属于大客户、高额、集中采购，比起小企业的分散采购，政府订单对外商有更高的吸引力和更低的交易成本。

（2）欧美要求中国加入 GPA 的意图。一方面，发达国家期待中国的采购规则与欧美习惯保持一致，便利其贸易。欧美等国家是贸易规则的制定者，熟练掌握和运用市场化和法律工具，发达国家的政府和企业也都已经非常适应该体系；相对而言，包括中国在内的发展中国家，国内政策法规之间的不一致、释义含混[③]和变更随意而频繁、管理体制复杂、逻辑难以理解等问题对欧美等发达国家企业开展国际业务造成无形的壁垒，也对贸易的顺畅和稳定造成很大风险，他们更愿意在自己熟悉的规则里活动。因此，发达国家借助贸易自由化，为本国企业开拓国际市场，为进入发展中国家市场寻求合法途径。另一方面，欧美期待中国作为发展中国家的表率率先加入 GPA，可以带动印度、巴西等更多的发展中国家加入 GPA。

---

① 根据其他国家政府采购统计估算。

② [路透社 2014-12-20]把世界第二大经济体纳入 GPA 将是对此协议的一个巨大推动。如果中国加入 GPA，每年将向外国企业提供一个约 1 000 亿美元的政府采购竞争市场，这个市场涉及高速公路建设、数据网络运行等领域。

③ 中国美国商会. 2013 年度商务环境调查报告[EB/OL]. http：//wenku. baidu. com/link？url=lfAHHX65AKGzo7yr6YHPmIvOOMeFtPzI90ASS3w1TU-_0EuAKz_KdAScnjuAePYBBY6HmA27s87_is8gIkvRn-q0Sy93GMQDzVJERjNRNxu.

（3）政府采购政策工具的特殊性。通常政府采购占财政支出的 30%[①]，作为一项公共财政政策工具，有对经济进行宏观调控的功能，优先采购本国企业产品也是各国政府采购的通常做法，因而政府采购政策也被称为是“国家对国内企业实行整体保护的最后一道防线。”加入 GPA 后，政府采购政策的使用将受到约束。基于国内法必须与 GPA 一致的原则，2011 年我国新颁布的《自主创新产品政府采购预算管理办法》因涉嫌歧视而被迫废止[②③]。另一典型代表是美国的《购买美国产品法》明确要求美国联邦政府采购本国产品，为了协调该法与 GPA 的冲突，《购买美国产品法》调整为：在美国政府采购中对 GPA 参加方的产品与美国产品同等待遇[④]。即将 GPA 成员的产品视同美国产品。

1.1.3 我国为什么愿意加入 GPA

我国加入 GPA 的战略目标很多，包括以开放促改革、规范政府行为、推进市场化改革、产业升级、提高财政资金的使用效率、吸引社会资本、增加我国企业获得欧美等 GPA 成员政府采购市场的机会、释放企业创新力和活力，等等。此外，环境保护部还希望通过加入 GPA，有效改善环境质量、提升环保产业。然而，单纯地开放政府采购市场并不一定会带来上述福利的增加，提升环境管理能力才是实现政策目标的充分条件。

例如，对提高透明度的认识就存在分歧：一方面，增加透明度对发展中国家的益处很多[⑤]：①研究表明，增加透明度能提高社会整体福利水平、增加公平度和效率，明确的采购程序提高了采购效率、采购程序的公开和透明能够控制腐败并

---

① 根据其他国家政府采购统计估算。

② 关于停止执行《自主创新产品政府采购预算管理办法》等 3 个文件的通知（财库〔2011〕85 号）。经研究决定，自 2011 年 7 月 1 日起停止执行《财政部关于印发〈自主创新产品政府采购预算管理办法〉的通知》（财库〔2007〕29 号）、《财政部关于印发〈自主创新产品政府采购评审办法〉的通知》（财库〔2007〕30 号）和《财政部关于印发〈自主创新产品政府采购合同管理办法〉的通知》（财库〔2007〕31 号）三个文件。财政部官网. http: //gks. mof. gov. cn/redianzhuanti/zhengfucaigouguanli/201106/t20110628_567649.html.

③ 财政部叫停政府优先采购自主创新产品规定. 第一财经报，2011-07-01.

④ 宋雅琴. 美国国货采购制度研究. 行政与法，2009（6）：75-79.

⑤ Srivastava. 要透明度，还是要采购. WTO 经济导刊，2004，6：91-92.

减少寻租和滥用关系的机会，节省了公共资源，提高了资源分配的质量；②透明度是良好管理的基础，明确了政府的责任和权力界限，使政府各部门之间更好地互相配合和制衡。另一方面，如果对透明度定义过于宽泛，会增加信息发布和发布后的解释、协调的工作，从而导致更高的管理成本，也会限制国内政策的操作空间。

1.2 GPA 谈判取得哪些进展

自 2007 年以来，我国组成了由财政部牵头、商务部配合，22 个部委参加的 GPA 谈判工作领导小组，张高丽副总理时任组长，协调各部门利益，环保部负责环境服务领域的研究工作。2014 年是我国第六次出价，在前几次的谈判中，因为出价范围窄、门槛价高并没有让 GPA 参加方感到满意，也因为我国近年来经济总量和增速在世界前列，使得我方使用“发展中国家的过渡期和特殊优惠”的提法不被对方接受，所以谈判组面对的内、外压力巨大。新一届中国领导人在“中美贸易会谈”等重要的外交和贸易场合展现了更加开放的态度，并多次在国务院文件中强调“以开放促改革”和“依法治国”的精神是加速谈判进程的明确信号，正在加快修订《政府采购法》和《招投标法》等都是为我国政府应对加入 GPA 后的规制环境的有力举措。

谈判进程

2007 年 12 月中国启动加入 GPA 谈判，利用对发展中国家的过渡期政策，原计划 2～15 年内完成。2007 年启动时有 41 个成员，2016 年已有 47 个，中国台北在此期间加入。2014 年是我国第六次出价，前 5 次分别开放了 15 个中央实体（包括环境保护部）、北京、天津、上海、江苏、浙江、福建、山东、广东 8 个次中央实体，同时大幅度降低了门槛价，环境服务领域率先开放了“噪声消除服务”和“污水处理服务”。

表 1-3 1994 年与 2014 年 GPA 参加方环境主管机构名称对照

序号	国家	2014 年部门名称*	1994 年部门名称**（政府采购协定）	调整内容	特色机构	地区/组织
1	加拿大	1.环境部 2.核安全委员会	1.环境部 2.加拿大公园管理局 3.自然资源部 4.加拿大核安全委员会	不变	与资源分立，核监管独立，有 10 个地区办公室	北美/OECD/GPA 参加方
2	美国	1.环境保护局（含气候变化） 2.能源部 3.核管会	1.环境保护局（含气候变化） 2.能源部	不变	核管会 4 个地方监督站	北美/OECD/GPA 参加方
3	比利时	环境能源和可持续发展部（Ministre de l'Energie，de l'Environnement et du Développement durable）	社会事务、公共卫生和环境部	+能源 −社会 −卫生	含气候变化	欧盟/OECD /GPA 参加方
4	保加利亚	环境和水资源部	1.环境和水资源部 2.环境执行局（Executive Environment Agency） 3.农业和林业部 4.经济和能源部 5.国家能源和水资源管理委员会 6.核能管理局 7.国家林业局	不变	1.与水资源合并 2.执行独立	欧盟/OECD /GPA 参加方

序号	国家	2014 年部门名称*	1994 年部门名称**（政府采购协定）	调整内容	特色机构	地区/组织
5	捷克	环境部	1.环境部 2.捷克矿业局 3.国家核安全办公室	不变		欧盟/OECD /GPA 参加方
6	丹麦	1.环境部 2.气候、能源和建筑 3.食品、农业和渔业	环境和能源部	–能源		欧盟/OECD /GPA 参加方
7	德国	1.联邦环境、自然保护、建设和核安全部（Federal Ministry for Environment，Nature Conservation，Building and Nuclear Safety） 2.联邦食品、农业和林业部	1.联邦环境、自然保护和核安全部 2.联邦食品、农业和林业部	+建设 含核安全	现任总理曾任 1994—1998 年联邦环境、自然保护和核安全部部长	欧盟/OECD /GPA 参加方
8	爱沙尼亚	环境部	1.环境部 2.环境监察局	不变	监察独立	欧盟/OECD /GPA 参加方
9	希腊	环境、能源和气候变化部	环境、计划和公共工程部	+气候变化 +能源		欧盟/OECD /GPA 参加方
10	西班牙	农业、食品及环境	1.环境部 2.工业能源部 3.农业、渔业和食品部	+农业 +食品	设环境大臣	欧盟/OECD /GPA 参加方
11	法国	1.环境部 2.生态、可持续发展和能源部 3.核安全局	1.环境部 2.国家公园（Parcs Nationaux）		核监管独立	欧盟/OECD /GPA 参加方
12	爱尔兰	1.环境、社区和地方事务部 2.农业、海洋和食品部 3.通讯、能源和自然资源部	1.环境部 2.农业、食品和林业部	+社区 +地方事务		欧盟/OECD /GPA 参加方

序号	国家	2014年部门名称*	1994年部门名称**（政府采购协定）	调整内容	特色机构	地区/组织
13	意大利	环境、领土与海洋部（Ministry of Environment, Land and Sea）	环境部	+国土 +海洋		欧盟/OECD /GPA 参加方
14	塞浦路斯	农业、自然资源和环境部	农业、自然资源和环境部	不变	大部制	欧盟/OECD /GPA 参加方
15	拉脱维亚	环境保护与地区发展部	环境部	+地区发展		欧盟/OECD/GPA 参加方
16	立陶宛	1.环境部 2.能源部	环境部	不变		欧盟/OECD /GPA 参加方
17	卢森堡	环境部	环境部			欧盟/OECD /GPA 参加方
18	匈牙利	1.环境部 2.资源部	环境和水利部（Ministry of Environment and Water management）			欧盟/OECD /GPA 参加方
19	马耳他	1.可持续发展、环境和气候变化部 2.能源和卫生部	1.乡村事务和环境部（Ministry for Rural Affairs and the Environment） 2.资源与基础设施部	+气候变化		欧盟/OECD /GPA 参加方
20	荷兰	基础设施和环境部（Ministry of Infrastructure and Environment）	1.住房、体育和环境部 2.农业、自然管理和渔业部 3.交通、公共工程和水管理部	+基础设施	左翼绿党	欧盟/OECD /GPA 参加方
21	奥地利	农林、环境和水利部	1.联邦环境、青年和家庭部（Federal Ministry for Environment，Youth and Family） 2.联邦农业林业部	+农业 +林业 −家庭和青年		欧盟/OECD /GPA 参加方

序号	国家	2014 年部门名称*	1994 年部门名称**（政府采购协定）	调整内容	特色机构	地区/组织
22	波兰	环境部	1.环境部 2.环境监察总局（The Main Inspectorate for Environment Protection） 3.波兰能源管理局	不变	监察独立	欧盟/OECD /GPA 参加方
23	葡萄牙	1.环境、区域规划与能源部 2.农业、乡村发展和渔业部	1.环境部 2.农业、乡村发展和渔业部	+区域规划 +能源		欧盟/OECD /GPA 参加方
24	罗马尼亚	1.环境和气候变化 2.水利、森林和渔业	1.环境和水利部（Ministry of Environment and Water mangement）	+气候变化 −水利	明确含气候变化能源特派部长	欧盟/OECD /GPA 参加方
25	斯洛文尼亚	1.环境部 2.农业部	1.环境、空间规划和能源部（Ministry of Environment, Spatial Planning and Energy） 2.农业、林业和食品部	−空间规划 −能源	副总理兼农业和环境部长 空间规划	欧盟/OECD/GPA 参加方
26	斯洛伐克	斯洛伐克共和国环境部	斯洛伐克共和国环境部	不变		欧盟/OECD/GPA 参加方
27	芬兰	1.环境部 2.农业和林业部	1.环境部（含国家水资源和环境局） 2.农业和林业部	不变	6个地区管理署和15个经济发展、交通和环境管理中心	欧盟/OECD/GPA 参加方
28	瑞典	气候与环境部	1.国家环境保护局 2.核能监察局 3.国家森林局 4.国家水供应和污水法院（National Water Supply and Sewage Tribunal） 5.国家植物多样性局	+气候	副总理兼任气候与环境部部长 设立水法院 生物多样性 分立	欧盟/OECD/GPA 参加方

序号	国家	2014 年部门名称*	1994 年部门名称** （政府采购协定）	调整内容	特色 机构	地区/ 组织
29	英国	1.环境、食品和乡村事务部门 2.核监管办公室	1.环境部 2.北爱尔兰环境部 3.苏格兰环境部 4.农业、渔业和食品部	+食品 +农村	环境、食品和乡村事务大臣 核监管独立	欧盟/OECD/GPA参加方
30	瑞士	联邦环境、交通、能源和通信部	联邦环境、交通、能源和通信部（含联邦环境局、国家森林局）	不变	大部制	OECD/GPA参加方
31	挪威	自然与环境部	环境部（含自然管理局、国家污染控制局、文化遗产局）.	+自然	绿色环境党	OECD/GPA参加方
32	冰岛	1.环境和自然资源部 2.渔业和农业部	N.A	两部由同一部长兼任		OECD/GPA参加方
33	列支敦士登	基础设施、环境和体育部	N.A	政府委员兼		欧盟/OECD/GPA参加方
34	荷属阿鲁巴	一体化、基础设施和环境部	N.A			GPA 参加方
35	以色列	环境保护部	环境部	2006 年将“环境部”更名为“环境保护部”		亚洲/OECD/GPA参加方
36	日本	1.环境省（含气候变化） 2.农林水产省 3.厚生劳动省 4.核安全规制委员会	1.环境省（含气候变化） 2.农林水产省 3.厚生劳动省	不变	环境大臣 核监管独立， 22 个地方监督办公室	亚洲/OECD/GPA参加方

序号	国家	2014年部门名称*	1994年部门名称**（政府采购协定）	调整内容	特色机构	地区/组织
37	韩国	1.环境部 2.国土交通部 3.海洋水产部 4.农林畜产部 5.核安全与保安委员会	1.环境部 2.国土海洋部 3.农水产食品部	不变	核监管独立，5个地区监督站	亚洲/OECD/GPA参加方
38	新加坡	环境及水资源部	环境部	+水资源		亚洲/GPA参加方
39	中国香港	环境保护署	环境保护署	不变		亚洲/GPA参加方
40	中国台北	“环境资源部”	“行政院环境保护署”	+资源		亚洲/GPA参加方
41	亚美尼亚	自然资源部	N.A			欧亚交界/GPA参加方

资料来源：*中国外交部、各国国家官网，《核与辐射安全监管体制改革研究报告》。

** 1994年政府采购协定。

注：（1）经合组织（OECD）共有34个成员国：澳大利亚、奥地利、比利时、加拿大、智利、捷克、丹麦、爱沙尼亚、芬兰、法国、德国、希腊、匈牙利、冰岛、爱尔兰、以色列、意大利、日本、韩国、卢森堡、墨西哥、荷兰、新西兰、挪威、波兰、葡萄牙、斯洛伐克、斯洛文尼亚、西班牙、瑞典、瑞士、土耳其、英国、美国。

（2）欧盟有27个成员国：法国、德国、意大利、荷兰、比利时、卢森堡、英国、丹麦、爱尔兰、希腊、葡萄牙、西班牙、奥地利、瑞典、芬兰、马耳他、塞浦路斯、波兰、匈牙利、捷克、斯洛伐克、斯洛文尼亚、爱沙尼亚、拉脱维亚、立陶宛、罗马尼亚、保加利亚。

（3）政府采购协定（GPA）有19个参加方：包括：欧洲共同体（European Communities）及其27个成员，合计为28个具有自身权利的GPA成员，美国、加拿大、冰岛、瑞士、挪威、列支敦士登、荷属阿鲁巴、以色列、日本、韩国、新加坡、中国台北、中国香港、亚美尼亚、新西兰、黑山、摩尔多瓦、乌克兰。

第2章　GPA和我国的污水服务概念对照

在讨论政府采购和环境服务的时候，中国的概念和GPA的定义差别很大，几乎是不可比的，带来的问题是难以找到对应的统计数据。GPA使用的分类中，污水处理服务主要指市政污水处理服务[①]；工业废水处理服务采购属企业行为，国有企业的废水处理是否纳入协定，由谈判最终结果决定。地下水、地表水污染修复和监测，列在2008年新修订版的环境服务的目录内，也是未来具有巨大潜力的市场，属于政府采购范围内。

2.1　欧美和中国对环境服务的理解有什么不同

2.1.1　国外环境服务统计概念和发展趋势

在各类国际贸易活动和国际谈判中，通用的服务分类标准有4个：联合国统计署制定的《主要产品分类》（Central Product Classification，CPC）（以下简称CPC）（表2-1）、《服务贸易总协定》服务部门分类清单[Services Sectoral Classification List（MTN.GNS/W/120）]（以下简称 MTN.GNS/W/120）和《全部经济活动的国际标准产业分类》（International Standard Industrial Classification of All Economic Activities，ISIC）（以下简称ISIC），联合国环境规划署使用的欧盟统计局《环境产品和服务部门》（Environmental Goods and Services Sectors，EGSS）（以下简称

① 李娜. 环境服务统计体系路线图之构建. 环境保护，2013，5：41-43.

EGSS)。美国和欧盟除使用国际通用分类外也有自己的分类体系，分别是：美国《产品和服务代码》(Product and Service Code，PSC)(以下简称PSC)(表2-2)和欧盟《通用采购词汇》(Common Procurement Vocabulary，CPV)(以下简称CPV)(表2-3)。在以上几个体系中环境服务内涵和分类并不相互一一对应，但是有一些共同的特征和发展趋势，可以作为我们未来改进环境服务分类的参考(表2-3)。

表2-1 CPC各版本环境服务类别对比表

临时CPC(1989年)	CPC 1.0(1998年)	CPC 1.1(2007年)	CPC2.0(2008年)
9401 污水处理服务	941 污水处理服务 9411 污水处理服务 94120 水池倒空及清洁服务	941 污水处理服务 94110 污水处理服务 94120 水池倒空及清洁服务	941 污水处理服务 94110 污水处理服务 94120 水池倒空及清洁服务
9404 废气清除服务 9405 噪声消除服务 9406 自然与景观保护服务	(略)	(略)	944 修复服务 9441 场地修复和清理服务 94411 空气场地修复和清理服务 94412 地表水场地修复和清理服务 94413 土壤、地下水场地修复和清理服务 9442 控制、监测和其他场地修复服务 9443 建筑修复服务 9449 其他修复服务

表2-2 美国《产品服务代码》(PSC)环境相关科目分类

一级	F 自然资源管理 Natural Resources Management
F001～F009 自然资源和保存服务 Natural Resources and Conservation Services	
二级	三级
F101～F999 环境体系保护 Environmental Systems Protection	F101 空气质量支持服务 Air Quality Support Services
	F102 与空气污染有关的行业调查和技术支持服务 Industrial Investigation Surveys and Technical Support Related to Air Pollution
	F103 水质量支持服务 Water Quality Support Services
	F104 与水污染有关的工业调查和技术支持服务 Industrial Investigation Surveys and Technical Support Related to Water Pollution

二级	三级
F101～F999 环境体系保护 Environmental Systems Protection	F105 农药支持服务 Pesticides Support Services
	F106 有毒物质支持服务 Toxic Substances Support Services
	F107 有害物质分析 Hazardous Substance Analysis
	F108 有害物质转移、清理、处理服务和操作服务 Hazardous Substance Removal，Cleanup，and Disposal Services and Operational Support
	F109 泄漏地下存储罐支持服务 Leaking Underground Storage Tank Support Services
	F110 环境影响评估 Development of Environmental Impact Statements and Assessments
	F111 多污染的行业调查和技术支持服务 Industrial Investigations，Surveys and Technical Support for Multiple Pollutants
	F112 漏油应对，包括清理、转移、处理和操作支持 Oil Spill Response including Cleanup，Removal，Disposal and Operational Support
	F999 其他环境服务、研究、分析支持 Other Environmental Services，Studies，and Analytical Support

注：美国产品分类《产品服务代码》（PSC）是政府采购数据统计的分类标准。为统一收集、公布美国政府采购数据提供框架。

表 2-3　欧盟 CPV 中涉及环境服务的分类及其内容

编号	服务的具体描述
90000000	Sewage-，Refuse-，Cleaning-，and Environmental Services 污水、垃圾、清洁处置服务
90400000	Sewage Services 污水处置服务
90410000	Sewage Removal Services 污水清除服务
90420000	Sewage Treatment Services 污水处置服务
90430000	Sewage Disposal Services 污水处置服务
90440000	Treatment Services of Cesspools 污水池的维护
90450000	Treatment Services of Septic Tanks 化粪池的维护
90460000	Cesspool or Septic Tank Emptying Services 污水池或化粪池排空服务
90470000	Sewer Cleaning Services 下水道清洗服务
90480000	Sewerage Management Services 污水管理服务
90481000	Operation of a Sewage Plant 污水处理厂运营
90491000	Sewer Survey Services 下水道维修服务
90500000	Refuse and Waste Related Services 垃圾和废物相关服务
90510000	Refuse Disposal and Treatment 垃圾处置和处理

编号	服务的具体描述
90511000	Refuse Collection Services 垃圾收集服务
90511100	Urban Solid-refuse Collection Services 城市固体垃圾收集服务
90511200	Household-refuse Collection Services 生活垃圾收集服务
90511300	Litter Collection Services 街道垃圾的收集服务
90511400	Paper Collecting Services 纸收集服务
90512000	Refuse Transport Services 垃圾运输服务
90513000	Non-hazardous Refuse and Waste Treatment and Disposal Services 非危险废物和废物处理和处置服务
90513100	Household-refuse Disposal Services 生活垃圾处置服务
90513200	Urban solid-refuse Disposal Services 城市固体垃圾处置服务
90513300	Refuse Incineration Services 垃圾焚烧服务
90513400	Ash Disposal Services 除尘服务
90513500	Treatment and Disposal of Foul Liquids 臭液处理和处置
90520000	Radioactive-，Toxic-，Medical- and Hazardous Waste Services 放射性、有毒、医疗和危险废物的服务
90521000	Radioactive Waste Treatment Services 放射性废物处置服务
90522000	Services Relating to Contaminated Soil 污染土壤有关的服务
90523000	Toxic Waste Disposal Services Except Radioactive Waste and Contaminated Soil 有毒废物和放射性废物除外污染土壤处置服务
90524000	Medical Waste Services 医疗废物的服务
90521000	Radioactive Waste Treatment Services 放射性废物处置服务
90521100	Collection of Radioactive Waste 放射性废物的收集
90521200	Radioactive Waste Storage Services 放射性废物贮存服务
90521300	Disposal of Radioactive Waste 放射性废物的处置
90521400	Transport of Radioactive Waste 运输放射性废物
90522000	Services Relating to Contaminated Soil 污染土壤有关的服务
90522100	Removal of Contaminated Soil 污染土壤处置修复
90522200	Disposal of Contaminated Soil 污染土壤的处置
90522300	Contaminated-soil Treatment Services 污染土壤处理服务
90522400	Cleaning and Treatment of Soil 清洗和土壤处理
90523000	Toxic Waste Disposal Services Except Radioactive Waste and Contaminated Soil 有毒废物和放射性废物除外污染土壤处置服务
90523100	Weapons and Ammunition Disposal Services 武器和弹药处置服务
90523200	Bomb-disposal Services 爆炸事件处置服务
90524000	Medical Waste Services 医疗废物的服务
90524100	Clinical-waste Collection Services 临床废物收集服务

编号	服务的具体描述
90524200	Clinical-waste Disposal Services 临床废物处置服务
90524300	Removal Services of Biological Waste 生物废弃物清除服务
90524400	Collection，Transport and Disposal of Hospital Waste 收集、运输和医疗废物处置
90513600	Sludge Removal Services 污泥清除服务
90513700	Sludge Transport Services 污泥运输服务
90513800	Sludge Treatment Services 污泥处置服务
90513900	Sludge Disposal Services 污泥处置服务
90514000	Refuse Recycling Services 垃圾回收服务
90530000	Operation of a Refuse Site 垃圾回收站运营
90531000	Landfill Management Services 垃圾填埋场管理服务
90532000	Coal-tip Management Services 煤渣管理服务
90533000	Waste-tip Management Services 垃圾处置管理服务
90600000	Cleaning and Sanitation Services in Urban or Rural Areas，and Related Services 在城市或农村地区的清洁和卫生服务以及相关的服务
90611000	Street-cleaning Services 街道清洁服务
90612000	Street-sweeping Services 扫街服务
90620000	Snow-clearing Services 扫雪服务
90630000	Ice-clearing Services 除冰服务
90641000	Gully Cleaning Services 沟壑清洁服务
90642000	Gully Emptying Services 清渠服务
90650000	Asbestos Removal Services 清除石棉服务
90660000	Deleading Services 防渗服务
90670000	Disinfecting and Exterminating Services in Urban or Rural Areas 消毒和消灭在城市或农村地区提供服务
90680000	Beach Cleaning Services 海滩清洁服务
90700000	Environmental Services 环境服务
90713000	Environmental Issues Consultancy Services 环境问题提供咨询服务
71313400	Environmental Impact Assessment for Construction 建设项目环境影响评估
90711000	Environmental Impact Assessment Other than for Construction 非建设项目环境影响评价
90710000	Environmental Management 环境管理
71313450	Environmental Monitoring for Construction 建设项目环境监测
90711500	Environmental Monitoring Other than for Construction 非建设项目的环境监测
90713000	Environmental Issues Consultancy Services 环境问题提供咨询服务

编号	服务的具体描述
90715000	Pollution Investigation Services 污染调查服务
90720000	Environmental protection 环境保护
90730000	Pollution Tracking and Monitoring and Rehabilitation 污染跟踪监测和修复
90731400	Air Pollution Monitoring or Measurement Services 空气污染监测和测量服务
90730000	Pollution Tracking and Monitoring and Rehabilitation 污染跟踪监测和修复
90740000	Pollutants Tracking and Monitoring and Rehabilitation Services 污染跟踪监测和修复服务
90741200	Oil Spillage Control Services 溢油控制服务

（1）多数分类体系依然是按照水、气、固体废物和土壤媒介性质分类。除了将污水处理、废物处置和环境卫生服务三类作为核心内容保持不变外，近几年，随着环境问题的复杂化、产业结构体系的升级、技术进步和创新，环境服务统计体系也有很大的变化，其内涵不断地扩大，分类更加精细。

（2）末端治理服务分类更加精细化。例如，在 CPC 分类中，1998 年 1.0 版本中废物处置的分类只分危险废物和非危险废物两项，发展到 2008 年 2.0 版时已经分成十几项，范围本身没有太大变化，只是分类更加细致，CPC2.0 版将废物分为医疗废物、工业废物、生物废物、一般居民废物，同时将处置方式也分为收集、拆解、贮存、堆肥、焚烧、填埋等，交叉对应出 17 个细项。

（3）污染场地和建筑修复成为新的环境服务类型。ISIC 和 CPC2.0 版中新增加了对污染场地的空气、地表水、土壤、地下水的污染控制、监测和清理恢复服务工作。但是令人意外的是，CPC2.0 版取消了噪声消除和大气污染物清除两个原本独立的类别。

（4）自然资源管护成为环境服务的重要组成。美国 PSC 中和联合国环境规划署 EGSS 的环境服务项下，自然资源管理被作为环境服务、绿色经济、绿色就业的统计之中。其主要内容包括水资源、森林、草地和自然保护区的恢复、维护管理等。

欧盟分类方法比我国目前的统计分类更加详细，如仅仅污水处理就分去除、处理、处置（removal/treatment/disposal）三类服务，我国的污水处理根据深度不同分为一级、二级、三级处理和工业预处理，在统计数据对应上很难匹配，在垃圾和环境卫生等方面也存在同样情况。

2.1.2　中国环境服务分类

我国与环境保护相关的科目分类标准有两个：①《国民经济行业分类》（GB/T 4754—2011），规定经济活动的行业分类，用于统计、税收、工商管理等国家宏观管理；②《全国主要产品分类与代码　第 2 部分：不可运输产品》（GB/T 7635.2—2002），规定服务、资产等产品的分类，用于服务和资金的信息管理和交换。环境部分详见表 2-4 和表 2-5。

表 2-4　《国民经济行业分类》（GB/T 4754—2011）环境相关科目分类

一级分类	二级分类	三级分类	四级分类
M 科学研究、技术服务和地质勘查业	——76 专业技术服务业	——766 环境监测 ——767 工程技术与规划管理 ——7673 规划管理	
N 水利、环境和公共设施管理业	——80 环境管理业	——802 环境治理	——8021 城市市容管理 ——8022 城市环境卫生管理 ——8023 水污染治理 ——8024 危险废物治理 ——8029 其他环境治理
	——81 公共设施管理业	——811 市政公共设施管理	—— 8110 市政公共设施管理

表 2-5　《全国主要产品分类与代码　第 2 部分：不可运输产品》（GB/T 7635.2—2002）环境相关科目分类

一级部类	商务和生产服务		
二级门类	三级大类	四级中类	五级小类/备注
——81 研究与开发服务	——811 自然科学和工程学的实验开发服务	——8119 其他自然科学的研究与实验开发服务	——81190 其他自然科学的研究与实验开发和服务（包括环境研究服务）
——83 其他专业、科学和技术服务	——831 咨询和管理服务	——8313 未另归类的科学和技术咨询服务	——83131 环境咨询服务

一级部类	商务和生产服务		
二级门类	三级大类	四级中类	五级小类/备注
——94 污水和垃圾处置、公共卫生及其他环境保护服务	——941 污水处理服务	——94110 污水处理服务	(注意：不包括下水道的建造、维修和改建，参见 54251 不包括水的收集、净化和分配服务，参见 69210、86223)
	——942 垃圾处置服务	——94212 垃圾处理服务 ——94222 有害废料处理和处置服务	(注意：包括土壤污染的专业化处理服务)

按上述分类，环境科研、技术、咨询、管理、污染治理和市政公共设施运营是主要的服务类型。在公共设施运营中，不包括供水服务，以及排水管网建设。这与许多水务企业的服务范围和模式不相一致。供排水一体化服务，尤其是供水服务是许多企业，特别是外资企业青睐的市场。

2.1.3 我国环境服务统计问题与建议

如前所述，GPA 使用联合国统计署制定的 CPC 与 CPC 分类标准衔接对我国来说存在概念和统计上的障碍，具体分析如下：

(1)“概念和分类模糊”。环境服务概念界定在国际上也是个难题，各国依据自身管理体制不同，认定的范围、内涵和分类方法并不统一。我国按活动类型分，将环境工程设计、施工与运营，环境评价、规划、决策、管理等咨询，环境技术研究与开发，环境监测与检测，环境贸易、金融服务，环境信息、教育与培训等作为环境服务活动（中国《环境服务业“十二五”发展规划》），而欧盟统计局将传统的污水和垃圾处理、环境卫生服务、废气清除、噪声消除服务和生态景观保护等作为“核心环境服务”内容，将研发、监测、教育、设计、咨询以及废品回收和运输等作为“环境关联服务”，我国能直接与 CPC9401 相对应的只有污水处理厂运行费和工业企业污染设施运营费，这样的统计结果对服务业产值估算造成很大的信息损失。因为，现有的工业企业污染治理设施运营费不是完全的环境服务产值，以污水处理厂为例，没有将污水处理企业利润、融资成本、固定资产折旧等价值折算在内，无法反映污水处理服务的真实产值或者收入。

（2）“行业模糊”。环境服务与其他许多行业有交叉，如水利、农业、林业、海洋、制造业、建筑业等，同一种服务既可用于环境也可以用于其他行业，在常规统计和一般经济普查没有剥离环境服务的单独数据，我国及其他很多国家都需要进行专项产业调查，根据最终用户来区分其归属行业。

（3）“性质模糊”。环境服务与工程、产品、技术等有很大的相关性，大部分环境企业主营或者兼营工程和产品，设计、运营等服务常常作为工程项目中的一部分捆绑立项，单纯提供环境服务的企业比较少。在我国服务业并不发达的情况下，服务业的收入所占比重较小，在这些企业的统计和项目调查中，考虑到便于操作和避免重复计算，往往将服务作为工程和产品的附加部分，而非独立的产值处理。

（4）“产值模糊”。环境服务中相当大的部分，如污水和垃圾处理服务具有公共服务性质，如包括中国在内的许多国家，长期以来是由政府提供并非由市场提供，更没有形成自由竞争，其服务价格和市场机制尚未建立，因此很难计算其服务业产值。而由工业企业自己投资、自主运行的废水、废气、噪声等污染治理活动在企业会计中作为投入成本而非产出的增加值或者经营性收入来核算，所以其产生的环境服务的价值量很难体现出来。

GPA（2012 年版）对公布统计数据提出了要求，为了适应加入 GPA 后的环境，未来将需要在行业统计方面作出调整。建议第一步，明确环境服务定义、概念和范围。为适应国际趋势和贸易谈判的需要，可参照最新的联合国统计署制定的 CPC 分类，按照水、气、固体废物和土壤媒介性质分类，除了将污水处理、废物处置和环境卫生服务三类作为核心内容外，增加污染场地和建筑修复，包括对污染场地的空气、地表水、土壤、地下水的污染控制、监测和清理恢复服务工作。未来随着工作的深入，还应该增加新能源利用和自然资源管理等服务类别。第二步，完善环境服务企（事）业统计和环境会计制度。重新对国内从事环境服务的企业、事业单位进行识别，将原来归属在其他部委和高等院校下的企（事）业单位进行登记和归类，按照其他市场化服务的企业会计办法进行人员、资产、利润等年度统计，反映环境服务行业的真实供给规模和状况。逐步引进企业环境会计制度，将环境成本、环境债务、环境资产和环境收益等要素反映在所有类型企业的会计统计之中，反映环境服务行业的真实需求状况。第三步，建立环境服务业的定期普查制度。在上述两步基础上，对新归类的环境服务企（事）业进行产业调查。先在基础较好的地区开展试点、调查分析和方案调整，然后逐步在全国建立环境服务业定期普查制度，两年一度比较合理。第四步，在现有的国民经济统计建立独立环境服务卫星账户。在上述产业普查的基础上，调整原有的行业统计安排，将原本分散在多个行业中的环境服务数据剥离出来，建立单独的一体化账户，完整反映环境服务业的真实情况，包括所有对环境损害、资源耗竭、生态退化进行的监测、评价、预防、限制、消除和修复的服务活动，并逐步细化分类，最终适应更加精细化的、系统性的、科学管理的需求。

2.2 污水处理服务应该包括地表水和地下水吗

根据相关文件的字面意义理解 CPC 分类中对污水处理服务（9401 Sewage services）主要指的是通过下水道排水和污水的净化处理，通常指城镇污水的处理服务。而“94412 地表水修复和清理服务”指的是我们常用的“江河湖库的污染治理服务”。

根据 CPC 的定义，污水处理服务（CPC9401）。通常利用诸如排污管道、化粪池、下水道或阴沟等设备提供的排污服务；利用稀释、筛选和过滤、沉积、化学沉淀等的污水处理服务。不包括 18 000 项（自然水）下的水的收集、净化和分配服务，51 330 项（水利、港口、堤坝、其他水利建筑工程）下的下水道建造、维修和改建。（Sewage services——Sewage removal，treatment and disposal services. Equipment used are waste pipes，sewers or drains，cesspools or septic tanks and processes utilized may be dilution，screening and filtering，sedimentation，chemical precipitation，etc.. Exclusions：Collection，purification and distribution services of water are classified in subclass 18 000（Natural water）.Construction，repair and alteration work of sewers are classified in subclass 51 330（Construction work for waterways，harbors，dams and other waterworks.）

通俗地说，即通过污水管网的排污服务和污水处理厂的污水处理服务，不包括雨水的收集、水利工程建设和维修。在污水处理服务（CPC9401）的子项中，还有“水池倒空及清洁服务”，该子项在我国并无独立分类，并且产值比较小，可以忽略不计。

我国没有能与 CPC9401 完全对应的概念和统计数值，目前只能以污水处理运营服务来对应 CPC 污水处理服务的价值，运营服务的价格是政府定价，对公益事业利润的上限使这一行业的价值被低估了。

近年来，GPA 对环境服务的分类有很大的变化。根据 CPC 的各个版本对比分析（表 1-1），污水处理服务（CPC9401）项目几乎没有变化，但是值得注意的是，在以往的版本中，9404 项目没有包括地表水和地下水的修复活动。该项对应的我国江河湖泊的污染治理和地下水污染治理的项目很多，同时也是我国环境投资重点，下一阶段应作为重点研究。

2.3　哪些污水处理服务属于政府采购的范围

根据 GPA 对政府采购的相关定义，城镇污水处理厂的运营基本属于政府采购范围。根据定义，GPA 的政府采购包括以下 4 个特征：①政府目的——不以“商业销售或转售”或用于供商业销售或转售的商品或服务的“生产为目的”进行的采购[①]。根据这一定义，污水处理服务属于这个范畴里。②采购方式——通过任何契约方式，包括购买、租赁、租购，无论有无购买选择权。我国目前有 1/3 以上的污水处理厂采用的是 BOT、TOT 等特许经营运作模式，都符合契约形式。③采购实体——包括中央（国家级）、次中央（省、市）实体、其他（公用事业单位）。中央一级的采购没有，省、市级的污水处理厂采购部门较多，有住建部门、水利部门或者市政管委会等，目前市场上更多的是区、县一级的污水处理厂进行招投标。需要注意的是，国有企业和提供公用事业服务的企业也被纳入政府采购协定实体范围内。④门槛价——必须进行公开招投标的项目合同金额下限，中央实体服务类的门槛价均为 13 万 SDRs（约合 130 万元人民币），其他实体大部分不超过 40 万 SDRs（约合 400 万元人民币）。需要注意的是，合同价不可随意确定，《政府采购协定》对合同价是否合理的判断标准为：“不得将一项采购分割为几项采购，也不得选择或使用一特殊估价方法对一采购的价值进行估计，从而全部或部分将

① 《政府采购协定》2012 年版本第 2 条。

其排除在本协定适用范围之外”及“包含全部采购期限内其估价最高总价值，无论授予一个或一个以上供应商，并考虑所有形式的报酬……”“前 12 个月中或采购实体前一财政年度中授予相同类型货物或服务的续生采购（recurring procurement）的价值……”[①]大部分污水处理服务合同在此以上，一般能达到门槛价，在此 GPA 协议范围之内。

2.4 小结与展望

我国的统计分类体系与 CPC 标准分类衔接上存在很多障碍，就污水处理服务来说，我国没有能与 CPC9401 完全对应的概念和统计数值，目前只能以污水处理运营服务来对应 CPC 污水处理服务的价值，这一市场价值被很大程度地低估了。原因是：①统计中污水水处理设施运营费并非污水处理服务全成本价格，其中基本利润和融资成本等没有被记入；②城镇污水处理数据仅仅统计了城镇生活用水的量，即仅占全部取水量的 30%，另外约 60%用于工业、10%用于农业灌溉，即至少有 2/3 的市场价值没有被反映出来。为了适应加入 GPA 后的环境，未来将需要在行业统计方面作出调整。

近年来，CPC 对环境服务的分类有很大的变化，值得我们注意的是：除了常规的管道污水处理外，增加了对地表水和地下水修复的类别。该项对应的我国江河湖泊的污染治理和地下水污染治理的项目很多，同时也是我国未来水环境污染治理投资的重点，目前也没有统计数据支持，下一阶段应作为重点研究。

---

① 《政府采购协定》2012 年版本第 2 条。

第3章　我国的污水处理市场规模和开放程度

“十五”“十一五”期间是我国城镇污水处理厂的建设高峰，污水处理能力得到大幅度提高，城镇污水处理技术相对成熟，城镇污水处理率已经达到90%，污水处理运营服务市场前景广阔。全国市场化运作项目达到总数的40%以上，以BOT为主导模式，多与工程项目捆绑，单独运营服务很少；随着污水处理设施基础建设的基本完成，未来一段时间工程比例将会降低，而与工程分离、独立的运营项目比重将会增加。已列入GAP开放清单的有8个省市，其污水处理市场化程度分别为：福建68%、广东65%、山东47%、江苏47%、天津46%、北京42%、浙江38%、上海35%。①

我国城镇污水处理设施建设起步于20世纪80年代，在“十五”“十一五”期间（2000—2010年）蓬勃发展，“十一五”期间新增城镇污水处理能力比“十五”增加1.4倍，2010年全国城镇污水处理能力已达到1.25亿t/d，生活污水处理率达到72.9%②，城镇污水处理厂共有2 832座③，省一级的污水处理设施基本建设完成，市场化运作项目达到40%左右。“十二五”期间（2011—2015年），新增处理量4 569万t/d，全国城镇污水处理能力达到1.62亿t/d，建成城镇污水处理厂3 830座④，市级污水处理设施基本建设完成，处理能力达到1.33亿t/d。“十三五”期间（2016—2020年）的主要任务是提高市政污水处理设施的运营率、提

① 注：a. 该比例为按项目数量计算而非处理规模计算，如果按处理规模计算，市场化比例会更小，例如北京仅有10%；b. 上述项目包括设施的投资和运营，而非单纯的运营服务。

② 中国环境统计年报. 2011。

③ 住建部. 全国城镇污水处理厂建设和运行情况2010年第四季度通报，2011。

④ 住建部. 全国城镇污水处理厂建设和运行情况2015年第三季度通报（建城函[2015]263号）。

高工业污水处理深度和农村、乡镇小型、分散式的污水处理水平。

在污水处理厂高速建设期，为了按期完成目标，很多财政资金紧张的省、市都采用 BOT 等模式投资新建或者运营污水处理项目，从 1996 年第一个 BOT 污水处理项目签订起，到 2010 年，建成的 BOT 污水处理厂 491 座，占污水处理规模总量的 30.6%（中国水网，2012 年）。

在对“十三五”期间污水处理服务市场规模进行预测时，依据污水产生量、处理率、处理能力建设情况以及处理成本估算，仅讨论污水处理运营服务部分，不包括设施建设工程，“十三五”期间污水处理服务市场规模将达到 451 亿元/a①。

3.1 我国城镇污水处理厂是如何发展的

我国城镇污水处理厂建设起步于 20 世纪 80 年代，初期建设较慢，到“八五”期末（1996 年）全国仅有污水处理厂 169 座，“九五”期末（2000 年）全国有污水处理厂 427 座，处理规模仅为 2 158 万 t/d；“十五”和“十一五”期间（2000—2010 年），是我国污水处理厂建设的蓬勃发展的阶段，2010 年达到建设峰值，城镇污水厂有 2 832 座，处理规模达到 1.25 亿 t/d，省一级的污水处理设施基本建设完成；“十二五”末期（2014 年底）城镇污水处理厂共有 3 717 座，处理规模为 1.57 亿 t/d。

3.1.1 污水处理厂建设状况

图 3-1 描述了十几年来我国污水处理厂的建设发展状况：“九五”刚刚起步，“十五”“十一五”期间大规模建设，2007 年达到了一个高峰，2008 年受金融危机的影响，建设速度稍有下滑，但是到“十一五”期末基本完成省、市一级的工程建设，“十二五”时期的主要任务是提高已有设施的运营率在建设县、区、村镇级污水处理厂和小型分散式种植、养殖业污水处理设施。

根据住房和城乡建设部关于全国城镇污水处理设施 2015 年第三季度建设和

① 国家环保总局环境规划院，国家信息中心. 2008—2020 年中国环境经济形势分析与预测. 中国环境科学出版社，2008。

运行情况的通报：截至 2015 年 9 月，全国设市城市、县累计建成城镇污水处理厂 3 830 座，污水处理能力约 1.62 亿 t/d。其中，全国设市城市中累计建成省、市级污水处理厂 2 163 座，形成污水处理能力 1.33 亿 m^3/d；全国已有 1 437 个县城建有污水处理厂，超过县城总数的 88%；累计建成污水处理厂 1 667 座，形成污水处理能力 0.29 亿 t/d，实现城市生活污水处理率 90%以上。

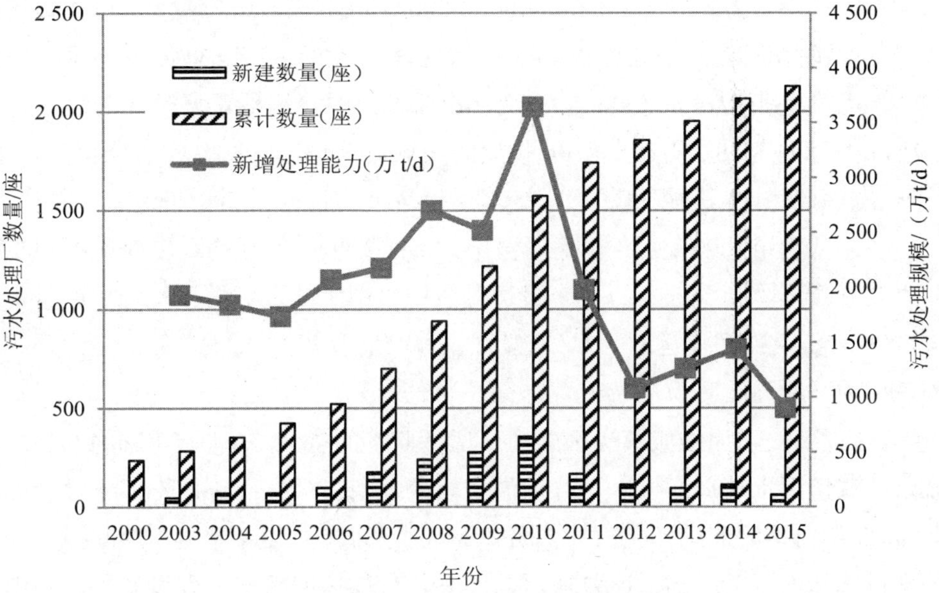

图 3-1　全国城镇污水处理设施建设发展情况

3.1.2　污水处理设施的设计规模和投运情况

根据杨勇等①对污水处理厂设计处理规模的统计分析表明：“十五”以来，以 5 万 t/d 以下小型污水处理厂建设数量增长最为迅速；大型污水处理厂平均利用率均相对较好，除了大西北地区，其他七大区域的平均利用率均在 70%以上。具体情况如下：

① 杨勇，王玉明，王琪，等. 我国城镇污水处理厂建设及运行现状分析[J]. 给水排水，2011（8）：35-39.

（1）从设计规模的变化来看。全国在线运行的城镇污水处理厂中，于20世纪投运的设施数量仅占总数的6.1%，设计处理能力占总量的14%。1978年，全国建成35座污水处理厂，到90年代末，二级污水处理厂总数也仅达到200座左右。进入21世纪后的10年是城镇污水处理厂投运的高峰时段，投运年份主要集中于2003年以后，2008年达到峰值494座，2000年以来平均增长率达35%；每年新增的设计处理能力具有一定的波动性，2000年以来平均增长率为22%，低于设施数量的平均增长率。不同处理规模污水处理厂的投运情况总体上均呈现出增长趋势，尤其是小型污水处理厂（5万t/d以下）的投运数量增长最为迅速，其中2万t/d以下规模和2万～5万t/d规模的投运数量平均增长率分别为68%和43%，“十一五”期间这两种规模的污水处理厂投运量均超过了500座。

（2）从利用率来看。各投运时段中，污水处理厂的平均利用率均不到90%，而“八五”至“十一五”的4个投运时段中，污水处理厂的平均利用率呈下降趋势，“十一五”期间投运的污水处理厂的平均利用率为73.2%，目前全国在线污水处理厂的平均利用率为76.8%。

《建设部关于加强城镇污水处理厂运行监管的意见》（建城［2004］153号）规定：城镇污水处理厂投入运行后的实际处理负荷，在一年内不低于设计能力的60%，3年内不低于设计能力的75%。20世纪80年代至“十五”期间投运的污水处理设施基本可以达到上述要求，但在70年代投运的污水处理设施平均利用率约为71%，“十一五”期间投运的平均利用率为73.2%，均未达到上述要求。我国投运的大量污水处理厂并没有满负荷运行，造成了严重的资源浪费，尚未发挥现有污水处理厂的最大效益。其中，污水配套管网、污水处理厂的运营管理等显著滞后于污水处理厂的建设是造成这一现状的主要原因。污水处理厂的规模设计不合理，部分地区盲目追求污水处理厂的规模也是重要原因之一。

在线运行的污水处理厂中，超大型污水处理厂（20万t/d以上）的平均利用率相对最高，为84.8%，而小型污水处理厂（5万t/d以下）仅为70%左右，主要原因在于超大型污水处理厂主要集中于人口密集的大型发达城市，污水处理服务业的发展水平较高，而小型污水处理厂分布广泛，相关基础设施、经营管理、配套政策措施等都不健全。对于不同规模的在线污水处理厂，其平均利用率在各投运时段的分布中，2万～5万t/d规模的污水处理厂呈现出特殊现象，20世纪80

年代以前的投运时段中，其平均利用率高达 96.8%，而“十一五”投运时段中，其平均利用率仅为 68.9%，相比下降了近 30 个百分点。

3.1.3　市场化发展和趋势

污水处理厂的市场化运作尝试最早出现在 1996 年，2002 年之后市场化投资和运营项目越来越多，但是 2009 年之后出现下降趋势。按项目数量计算，目前大约 40%以上的在建和已投入运营项目采用市场化方式运作，按处理能力计算，BOT 模式污水处理厂的处理能力大约占全国总额的 26%。详情如下：

第一家 BOT 模式运作的污水处理厂成立于 1996 年，BOT 模式在“十五”“十一五”期间得到很大的发展（图 3-2）。根据清华大学环保产业研究所的相关研究：按建设项目数量计算，截至 2009 年 11 月，全国投入运营、在建及拟建的 3 351 座污水处理厂的市场化程度达到 44.1%，其中 BOT 成为污水处理产业市场化的主流模式，所占比例达到 30.35%，托管运营项目占 6.6%，BT 项目占 3.88%，TOT 项目占 3.25%（图 3-3）。全国投入运营的污水处理厂市场化程度达到 45.35%，其中 BOT 成为市场化的主流模式，所占比例达到 29.1%，TOT 项目所占比例为 4.87%。全国投入运营、在建的 BOT 污水处理项目 1 017 座，TOT 项目 109 座。

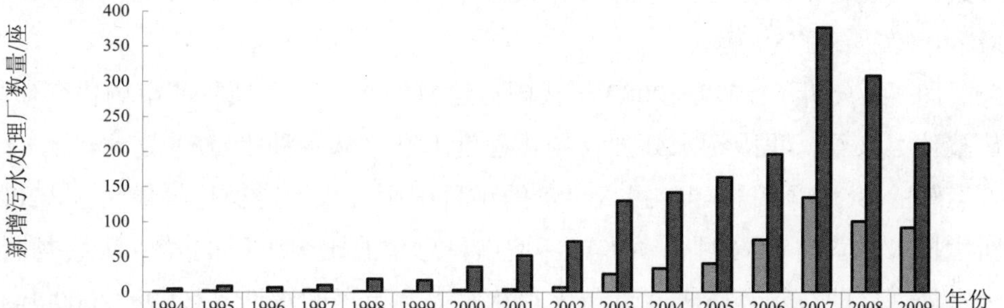

年份	1994	1995	1996	1997	1998	1999	2000	2001	2002	2003	2004	2005	2006	2007	2008	2009
BOT污水处理厂	1	2		3	1	1	3	4	7	26	34	41	75	135	101	92
新增污水处理厂	5	9	7	10	19	17	36	52	72	130	142	164	197	377	308	212

数据来源：清华大学环保产业研究所，2011。

图 3-2　新增运营的 BOT 污水处理设施状况（1994—2009 年）

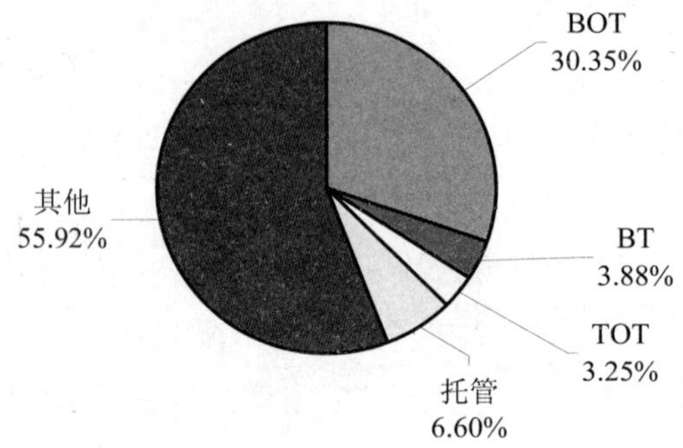

数据来源：清华大学环保产业研究所，2011。

注：其他项为非市场化模式及 BO 运营、BOO、合资、运营管理（O&M）、收购、DBO 和数据缺失项等。

图 3-3　全国污水处理产业市场化状况分析图

按处理能力计算，全国已建成并运营的 BOT 污水处理厂至少有 526 座，投入运营的 BOT 项目的处理总能力已达到 2 585.15 万 m^3/d，占到了我国运营污水处理厂总能力的 26.04%，其中城市污水处理厂处理能力 2 255 万 t/d，县级污水处理厂处理能力 330.15 万 t/d。我国投入运营的 TOT 项目的处理总能力为 690.7 万 m^3/d，占到我国运营污水处理厂总能力的 6.96%。其中，江苏省、广东省的 BOT 项目数最多，均达到了 89 座。

图 3-4 分析了 1999－2009 年我国已运营的污水处理项目的市场化变化状况，从整体上来看，我国污水处理市场化程度上升，从各种投资模式上来看，每年投入运营的 BOT 项目在当年投入运营的项目中所占比例增长趋势最明显，2009 年，新增投入运营的 BOT 项目占当年新增项目总数的比例达到 43.4%；从数据上来看，污水处理厂的托管经营模式近年来也相对受到市场的欢迎，1999—2009 年 10 年间，新增投入运营托管项目占当年新增投入运营项目总数的比例也呈现出先降后增的趋势。

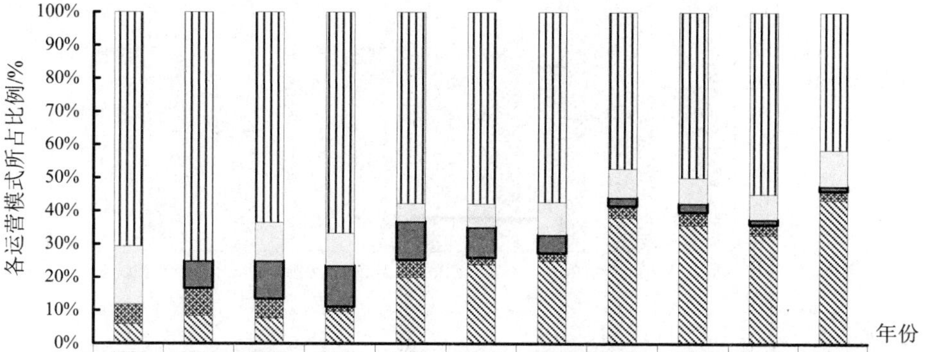

	1999	2000	2001	2002	2003	2004	2005	2006	2007	2008	2009
其他	70.59%	75.00%	63.46%	66.67%	57.69%	57.75%	57.32%	47.21%	49.87%	54.87%	41.51%
托管	17.65%	0.00%	11.54%	9.72%	5.38%	7.04%	9.76%	8.63%	7.69%	7.47%	10.85%
TOT	0.00%	8.33%	11.54%	12.50%	11.54%	9.15%	5.49%	2.54%	2.65%	1.62%	1.42%
BT	5.88%	8.33%	5.77%	1.39%	5.38%	2.11%	2.44%	3.55%	3.98%	3.25%	2.82%
BOT	5.88%	8.33%	7.69%	9.72%	20.00%	23.94%	25.00%	38.07%	35.81%	32.79%	43.40%

数据来源：清华大学环保产业研究所，2011。

注：（1）其他为非市场化项目及 BO 运营、BOO、合资、运营管理（O&M）、收购、DBO 和数据缺失项等；（2）按项目投入运营的时间统计分析。

图 3-4　已运营污水处理项目市场化变化分析图（1999－2009 年）

图 3-5 是 2001—2009 年 9 年来，我国每年实际开工的污水处理项目的市场化情况，以市场化方式投资建设的污水处理项目始于 2002 年，占当年新开建项目的 50%，均为 BOT 方式，2004 年开始出现了 BT、TOT 等多种方式，但 BOT 始终是市场化的主流模式。截至 2009 年 11 月，全国在建和拟建的污水处理市场化程度达到 43%，其中 BOT 依然是在建和拟建的污水处理市场的主流模式，所占比例达到 32%，比已投入运营的项目中 BOT 项目所占比例要高。托管及 BT 项目所占比例均为 5%。

图 3-6 描述了 2010 年我国各省、自治区、直辖市（除西藏外）的污水处理产业（在建设及运营项目）总体市场化状况，从图中数据来看，湖南、福建、广东、江西、贵州、青海、安徽、陕西 8 个省的污水处理产业市场化程度最高，均在 50% 以上；BOT 投资模式在湖南、福建、青海、广东 4 省占绝对主流地位。

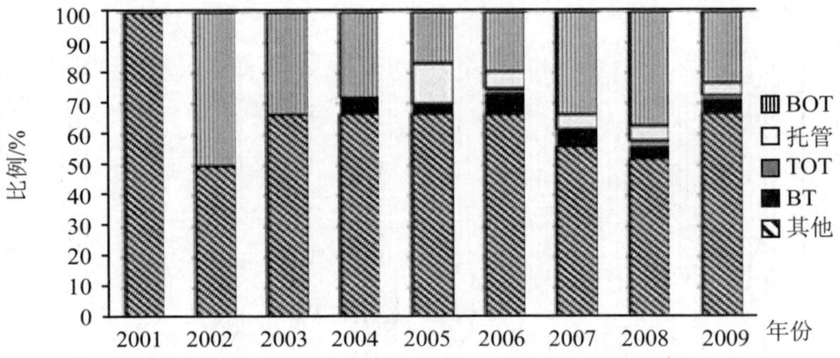

数据来源：清华大学环保产业研究所，2011。

注：（1）其他为非市场化项目及 BO 运营、BOO、合资、运营管理（O&M）、收购、DBO 和数据缺失项等；（2）TOT 项目为扩建及改造项目；（3）按项目实际开工时间统计分析。

图 3-5　新建污水处理项目市场化变化状况分析图（2001—2009 年）

2010 年我国各省、自治区、直辖市（除西藏外）已投入运营的污水处理项目的市场化情况看，在各省已投入运营的污水处理项目中，江西、广东、青海、广西、福建、天津、山东、安徽、辽宁、贵州、湖北、陕西 12 个省、区、市的市场化程度相对较高，均在 50%以上；BOT 投资模式在江西、青海、天津、福建、广东 5 个省市占绝对主流地位。

我国各省、自治区、直辖市（除西藏外）在建的污水处理项目的市场化情况看，在各省在建的污水处理项目中，北京、湖南、福建、贵州、广东、江西、吉林、青海、上海、陕西 10 个省（市、区）市场化程度相对较高，均在 50%以上；BOT 投资模式在北京、湖南、福建、贵州、广东、青海 6 个省、市占绝对主流地位。

东部地区以北京、上海、广东、江苏 4 个发达地区为例：已建和新建污水处理项目运用市场化方式运作的比例，北京、上海为 40%左右、江苏为 50%左右、广东占 70%左右。2009 年新建和拟建污水污水处理厂运用市场化方式运作的项目所占比例，北京为 100%，全部使用 BOT 方式，上海为 50%，全部使用 TOT 方式，广东和江苏都是以 BOT 为主的多种方式的组合，分别占 60%和 40%。

中、西部地区市场化程度比较高的有江西、贵州和青海，都占到 60%以上。江西已运营项目 80%以上都是市场化运作，而贵州 70%的新建和拟建项目是采用市场化方式运作。

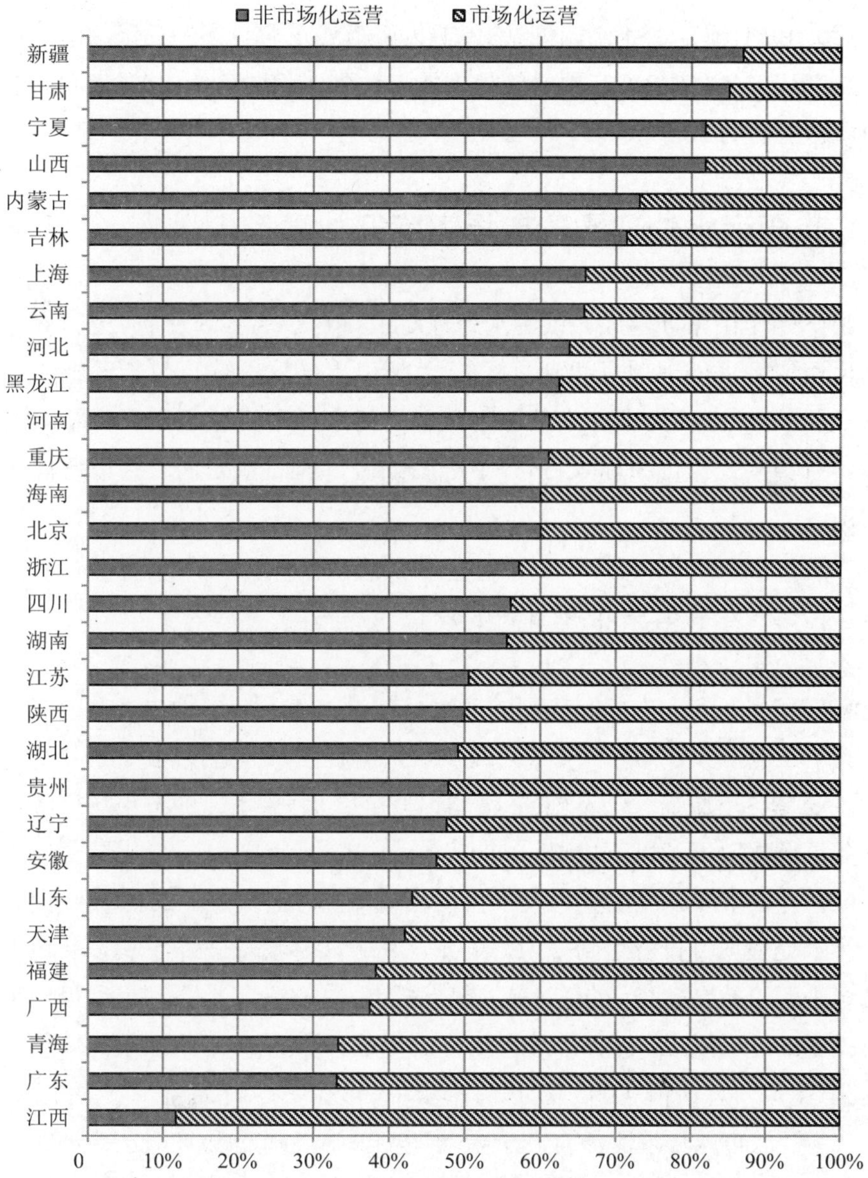

数据来源：清华大学环保产业研究所，2011。

图 3-6　各省、自治区、直辖市（除西藏外）污水处理产业总体市场化现状分析图

截至 2009 年 11 月，我国在建的 BOT 项目 491 座，其中城市 BOT 项目 238 座，县级 BOT 项目 253 座。可见 BOT 投资模式正在我国的县级污水处理厂的建设中推广开来。在建 BOT 项目的处理能力达到 1 616.85 万 t/d，占我国在建污水处理厂总能力的 30.59%。

3.2 我国污水处理服务市场实际开放了多少

2015 年全国累计建成城镇污水处理厂 3 830 座，污水处理能力约 1.62 亿 m^3/d，市场化运作污水处理项目达到总数的 40%以上（这些项目包括设施的投资和运营），以 BOT 方式为主。本节分别从整体污水处理开放成果、可获得的市场招投标信息和某公司已中标项目 3 个维度分析目前污水处理服务市场的状况和开放状况。

3.2.1 污水处理服务市场化的成果

“十五”“十一五”期间我国的污水处理设施建设速度加快，覆盖了大部分城市，其中 5 万 t 以下的小型污水处理厂增长速度快，但是投运率低。“十二五”期间的主要任务是加强这些设施的运营管理和实际利用率，服务市场广阔。污水处理服务市场化取得了以下成果：

（1）开放市政环境服务有利于拉动环境保护社会投资。2010 年我国已投入运营的污水处理项目投资达到 2 217 亿元，其中，财政资金占 50%，其他大量的建设资金来源于社会融资，包括利用国债资金 237 亿元，地方利用城投债平台融资占总投资的一半以上。环保产业市场信心增强，使得 2010 年上市的环境类企业一共达到 51 家，总市值 4 095 亿元，平均动态市盈率达到 77 倍（专栏 3-1）。

（2）开放市政环境服务有利于带动环境基础设施建设。“九五”期间各地污水处理基础设施严重不足，地方财力有限，建设资金缺口很大。各地通过以优惠条件招商引资、采用 BOT 方式建设，到“十一五”期末，基本完成了城市一级的基础设施建设。到 2010 年，至少有 1/3 的污水处理服务是通过 BOT/TOT 方式运营的，处理能力达到 3 000 万 t/d，未来几年北京、上海、广州等省市计划建设的污水处理厂 80%以上都是用 BOT/TOT 方式运作。

专栏 3-1 国债资金利用及财政奖励投资情况分析

2008 年底以来，受投资拉动政策的影响，国债在污水和垃圾处理处置项目的直接投资加大，已超过 200 亿元，这部分投资大都以国有资产形式存在。2009 年中央为地方政府代发了 2 000 亿元市政债券，其中一部分流入了污水和垃圾处理处置行业。

为了与国债投资配套，地方政府以城投债和地方平台商业融资为主要形式，承担了接近 50%的资金来源，成为准市场模式的主流投资模式。2009 年，我国超过 10 万亿元商业信贷中，大部分进入地方政府所属的 3 800 多个融资主体，其中很多投资主体已经到达县一级政府，成为地方污水和垃圾处理处置项目投资的配套资金来源。

2010 年在已运营的 1 808 个污水处理项目中，共有 656 个项目获得国债资金支持，共利用国债资金 237.12 亿元，除上海、西藏以外，各省（直辖市、自治区）均有污水处理项目获得国债资金。此外，运营污水处理厂中有 69 个项目获得财政奖励投资，财政奖励投资总金额为 4.99 亿元。共有 112 个 BOT 污水处理运营项目获得国债资金支持，利用国债资金 30.69 亿元，有 20 个 BOT 项目获得了财政奖励投资，奖励金额达到了 1.2 亿元。共有 47 个 TOT 运营项目获得国债资金支持，利用国债资金 22.37 亿元，有 4 个 TOT 项目获得了财政奖励投资，奖励金额 1 800 万元。

（3）开放市政环境服务有利于改善环境质量。随着基础设施建设的日益完备，“十一五”期间我国污水处理率提高了一倍，全国七大水系国控断面好于Ⅲ类水质的比例由 2005 年的 41%提高到 2009 年的 57.1%，地表水国控断面劣Ⅴ类水质比例下降到 20.6%，实现 COD 减排目标与此都有极大的相关性。外资企业先进技术和管理方式的引进对提升我国整体环境治理水平起到很大的促进作用。

（4）开放市政环境服务有利于引进先进管理经验，规范市场运作。为了适应加入 GPA 后的国际规则和满足 GPA 参加方的要求，我国的政府采购法规规范将会做相应的修改和完善，采购过程、信息发布、投诉等都会更加透明，为了维护相关方利益和规范市场运作，政府和公众的监督也会相应地得到加强，这有利于市场的良性发展。

（5）开放市政环境服务有利于企业提高竞争力和良性发展。一方面，我国半数以上的水务企业从传统的市政部门转型过来，对于把握市场机遇和企业化运作经验不足，在与外资企业的竞争过程中，我国企业在处理合同细则、运用法律手段维护企业利益等方面可以借鉴发达国家的先进经验，有利于企业的成长和迎接国际市场挑战。另一方面，目前市政服务企业为非营利企业，按不完全成本核算，财政补贴仅能满足处理和人员基本工资，虽然企业有稳定的长期服务合同和财政补贴作保证，但是政策不允许有利润、融资成本和固定资产折旧计提等，企业也没有资金积累，这会阻碍企业的正常发展。如果开放市场，一定程度上意味着提供同等服务就同其他企业保持同等的利润率，对企业未来发展有利。

3.2.2 招投标网站信息分析

根据国家招投标网站上公布的项目信息的数量可以看出，目前服务类招标比例较低，仅占 3%。近 3 年招投标的涉水类项目呈现以下的趋势和特点：

（1）采购主体下移，几乎没有省政府的招标的污水处理项目，市政府的污水处理项目也很少，多为某交通路段、某住宅社区的配套市政污水工程。

（2）合同模式仅有 BOT 项目，没有单独的 BT 等运营服务合同，但是有单独的监测服务项目，如大邱庄综合污水处理厂 BOT 项目、章丘市第三污水处理厂 BOT 项目、北京城市排水集团有限责任公司泵站在线监测系统项目。

（3）在发布的招标信息中，工程占绝对主要部分，约占招标信息的 91%，设备约占 5%，服务约占 3%，其他约占 1%；市政污水是招标项目的主要类型，市政污水约占 55%，市政供水约占 13%，管网占 12%，雨洪控制利用与节水约占 4%，农业给排水约占 4%，河湖流域和水体景观约占 3%，工业废水约占 1%，建筑给排水约占 3%，其他海水淡化、污泥处理与处置、污水深度处理与再生、瓶装水等项目数量很少，相对都不足 1%。

需要说明的是，上述分析仅仅是各种招标公告的信息数量，不代表最终项目成交量和成交金额比例。

3.2.3　中标信息分析

根据通用技术咨询顾问有限责任公司的污水处理项目清单（表 3-1）可以看出以下几个特征：

表 3-1　通用公司承担污水处理项目清单

序号	项目名称	所在地	类型（特许经营 BOT/TOT）	设计规模/（万 t/d）	投资规模/亿元	委托单位
1	水务一体化项目	安徽省六安市	特许经营	8	1.5	六安市建委
2	污水处理厂项目	江苏省淮安市	BOT/TOT 打捆	10+6.5	1.4+0.7	江苏省淮安市建设局
3	污水处理厂项目	江苏省淮安市经济开发区	BOT	4+4	0.64	淮安经开区管委会
4	污水处理厂项目	江苏省连云港市	BOT/TOT 打捆	8+10	0.8+1.4	连云港市城投公司
5	污水处理厂及管网	江苏省江阴市	资产转让	19	10.8	江阴市发改局
6	污水处理厂项目	吉林省延吉市	BT	5	1.5	延吉市住建局
7	污水处理厂（3 个项目）	黑龙江省哈尔滨市	特许经营权	15+10+15	1.6+1.54+1.8	哈尔滨市发改委
8	污水处理厂项目	黑龙江齐齐哈尔富拉尔基区	特许经营	10	1.6	齐齐哈尔市环保局
9	污水处理厂项目	辽宁省辽阳市宏伟高新区	BOT	3	0.45	辽阳宏伟高新区管委会
10	污水处理厂项目	山东省莱芜市	TOT	8	0.9	莱芜市建委
11	污水处理厂项目	山东省聊城市	特许经营权及资产转让	5	0.67	聊城市公用事业管理局
12	污水处理厂项目	河南省新乡市	TOT	15	1.5	新乡市建委
13	水务一体化项目	河北省玉田县	招商	4	1.25	玉田县人民政府
14	污水处理厂项目	河北省张家口市	TOT	12	2.0	宣化区建设局
15	污水处理厂项目	河北省迁安市	TOT	8	1.2	迁安市城市污水公司
16	污水处理厂项目	河北省沧州市	BOT	10	1.2	渤海新区规划建设局
17	污水处理厂项目	天津市逸仙园	DBO	1	0.24	天津逸仙园区国际公司
18	污水处理厂改扩建	天津市开发区西区	特许经营	5	0.85	天津市经开区公用事业局

序号	项目名称	所在地	类型（特许经营BOT/TOT）	设计规模/（万 t/d）	投资规模/亿元	委托单位
19	污水处理厂项目	天津市北塘	BOT	15	2.5	塘沽区建委
20	水务一体化项目	甘肃省武威市	特许经营权转让	9	1.98	武威市经发投资公司
21	污水处理厂项目	甘肃省兰州市	BOT	10	1.4	兰州市建委
22	污水处理厂项目改扩建	甘肃兰州雁儿湾	BOT	26	2.8	兰州市建委
23	污水处理厂项目	广东省惠州市	BOT	10	1.8	惠州市环保局
24	污水处理厂项目	广西省灵川县	BOT	2	0.3	灵川县环保局

（1）采购实体。污水处理项目的采购责任主要在市一级政府，也有部分在区县或者园区管理部门，各地区具体负责采购的单位并不统一，有建委（住建局）、发改局、城投公司、环保局、污水公司、公用事业管理局、开发区管委会等，即使是在同一个省、同一类型、规模相近的项目，委托单位也不同，如江苏省的连云港市和淮安市就分别由城投公司和建委负责；相对规模较大项目，如兰州 26 万 t/d 由市建委负责，而园区的 10 万 t 以下项目由园区管委会负责。

（2）运营模式。运营模式以 BOT/TOT 和特许经营为主，还有个别 BT 项目。

（3）项目属性。项目以单独的污水处理厂为主，也有部分管网或给排水一体化项目、资产转让或改扩建项目。

（4）投资和设计规模。污水处理厂的设计规模范围从 1 万～26 万 t/d 都有，其中以 5 万～15 万 t/d 中型项目较多，投资规模从几千万元到 2.8 亿元，其中 1.5 亿元左右投资项目占多数，从投资金额和规模大小来看，两者并不完全成正比，同一规模的污水处理厂投资也不完全一样。

3.3 未来污水处理服务市场规模有多大

根据《2008—2020 中国环境经济形势分析与预测》，以 2006 年、2007 年为基准年，运用国家中长期环境经济预测模拟系统，根据我国 2008—2020 年经济发展趋势、人口增长压力、产业发展结构、能源消费压力、用水需求压力等因素进行预测，对“十三五”期间我国的水污染物排放趋势、污染治理投资和运行费用需求进行了测算，该预测模拟了两种情景下的结果，一是处理水平正常提高下；二是既定控制目标下，本书参考前者。

2010 年城镇污水处理服务市场规模（指运营服务）约为 259 亿元/a。随着城镇污水处理率的提高和污水处理设施规模的进一步扩大，预计“十三五”期间将达到 452 亿元/a。如果加上工业废水，2010 年为 545 亿元/a，2014 年达到 1 101 亿元/a，“十三五”期间将达到 1 117 亿元/a（表 3-2）。

表 3-2　污水处理运营服务市场规模估算　　单位：亿元/a

序号	项目	“十二五”期间 2010 年	“十二五”期间 2014 年	“十三五”期间（2016—2020 年）
1	城镇污水处理	259	440	451.6
2	工业废水	545	661	1 117
	合计	804	1 101	1 568.6

数据来源：中国环境统计年报 2011 年，2015 年。

注：“十三五”预测数据根据《2008—2020 中国环境经济形势分析与预测》计算。

该模型将污水分为农业面源、工业和城镇生活，各分项污水处理费用见表 3-3。虽然农村面源不在本书 CPC9401 项下，但是在环境修复服务范围 CPC9409 内，在此略作介绍，为将来的进一步研究打下基础。

表 3-3　污水治理运行费用的预测结果

年份	总计绝对量/亿元	绝对量/亿元					所占比例/%		
		农业			工业	城镇生活	农业	工业	城镇生活
		畜禽养殖	农村生活	农业小计					
2008	688	29	22	50	463	175	6.1	55.7	21.1
2011—2015	5 638	288	183	471	3 711	1 456	8.4	65.8	25.8
2016—2020	8 616	524	249	773	5 585	2 258	9.0	64.8	26.2

数据来源：2008—2020 中国环境经济形势分析与预测。

从表 3-4 可以看出，目前污水处理建设运营仍然占主要地位。工业污水处理难度大，有色和造纸废水、地表水、地下水修复等我国急需的污水服务，在已上市公司中尚未出现成熟的企业可以承担相应的工作。这些项目在未来应该列出重点研究领域。

表 3-4　2011—2020 年水环境细分领域治理投资及运营费用估算

细分市场	建设投资	运营投资	典型上市公司
污水建设运营	新建及改造 3 924 亿元	运营 440 亿元/a	碧水源、津膜科技、巴安水务、中电环保、首创股份、兴蓉投资
污泥处理	新建 347 亿元		兴蓉投资、南海发展等
水源地保护	治理投入 580 亿元		
地下水修复	治理投入 347 亿元		
海水淡化	新建 120 亿元		津膜科技
电力废水	新建 30 亿元		中电环保、巴安水务
钢铁废水	治理投入 42 亿元	运营 64 亿元/a	碧水源、津膜科技
石化废水	新建 382 亿元	运营 40 亿元	万邦达、中电环保、碧水源、津膜科技
煤化工废水	新建 249 亿元		万邦达、碧水源、津膜科技
化工废水	治理投入 130 亿元	运营 126 亿元/a	中电环保、碧水源
有色废水	治理投入 168 亿元	运营 87 亿元/a	
纺织废水	治理投入 208 亿元	运营 66 亿元/a	津膜科技
造纸废水	治理投入 248 亿元	运营 87 亿元/a	

资料来源：中信证券. 政府采购、特许经营模式推广市政环境服务迎来新机遇. 中国证券报，2013-08-01.

3.4　小结与展望

从市场招投标和中标项目信息来看，工程项目为主，兼有运营服务，单纯的运营服务项目很少。原因是我国“十五”“十一五”期间还处在大规模的基础设施建设过程中，因此招投标项目通常包括供排水一体化或者工程设计、设备采购和运营的整体项目。原来签订的 BOT 项目运营服务合同周期都在 10 年以上，特许经营的合同有的甚至长达 30～50 年，这些项目合同尚未到期，因此市场上单纯的运营服务招投标项目很少；而提供此类公共事业服务的企业通常需要有较长的资质和与当地政府合作的良好信誉，符合条件的企业可选范围并不大，因此独立的服务市场尚未兴起。

“十三五”期间，政府投资、社会运营将成为一种普遍的政府与社会资本合作的模式，独立的服务采购合同数量应上升很快。预计“十三五”期间城镇污水运营服务规模将达到 452 亿元/a，如果加上工业废水的运营处理费“十三五”期间将达到 1 568 亿元/a。

第 4 章　我国污水处理服务的管理与采购体系

我国市政服务市场化改革已经进行了 30 多年，改革过程中遇到很多问题、挫折和教训，进行过 3 次重大的政策调整和市场整顿。2013 年国务院发出“向社会购买公共服务”的明确指示，并发布了《城镇排水与污水处理条例》明确界定了中央、地方和污水服务企业的责任和义务，市场化改革的方向十分明确。但是，污水处理服务行业的管理情况比较复杂，管理部门多、管理政策波动、具体操作存在许多困难。

4.1　中央及地方的污水处理服务归属哪些部门管理

4.1.1　污水处理服务的行业管理

环境服务在我国还是一个新概念，其产业界定并不清晰，因此对口管理部门也比较复杂，涉及污水处理服务的管理主要有国家发展和改革委员会、住房和城乡建设部、环境保护部、水利部等部门，国家和省级管理体制基本相同，在城市一级稍有差别：发改部门主要是组织编制污水处理设施建设规划，协调制定相关政策，安排中央预算内投资支持设施建设，配合住建部门推动设施建设，促进产业发展；住建部门是城镇污水处理的行业主管部门，主要负责污水处理设施工艺技术的选择、制定建设标准、实施项目建设及运营管理，这一职能在不同城市的设置稍有差别，如一些城市设置了市政管委会、城管局等；环保部门主要负责污水处理设施建设环境影响评价、制定排放标准、对污水处理设施污染物排放实施监督检查；水利部主要负责水资源管理，部分城市设置了水务局，将水资源、供排水工作统一在一个部门下。财政部门主要是制定实施支持污水处理的财税政策，通过“以奖代补”安排财政资金支持污水管网建设；国资委负责国有（控股）企业的资产管理、人事管理等，为企业的行政主管部门（表 4-1）。

表 4-1　污水处理服务主管部门职能分工表

级别	主管部门	职能
中央主管部门	国家发展和改革委员会	主管环保产业，组织拟订环保产业政策、环保产业发展规划 负责综合协调环保产业有关工作
	住建部	指导城镇污水处理设施和管网配套建设
	环境保护部	主管环保产业协会，负责指导和推动环保产业发展 负责制定环境标准 负责污水处理厂运营监管
	水利部	负责指导城市污水处理回用等非传统水资源开发的工作
	财政部	政府采购的主管部门 为环保产业设立政策性补贴政策、环境科目资金预算管理、转移支付等 规范污水费使用方式
	商务部	主管服务贸易，包括环境服务贸易 负责对外援助工作、搭建服务贸易平台等
	外交部	参与和处理重大涉外法律案件
	科技部	组织环保产业重大核心技术的科研开发、技术攻关、技术转移等
	税务总局	拟订环保产业税收优惠政策
	海关总署	环境服务贸易进出口统计
	中国进出口银行	为环保产业承担海外业务提供信贷融资服务
	国资委	负责国控环保企业的资产、人事管理
地方主管部门	发改局	负责综合协调环保产业有关工作
	环境保护局	负责指导和推动环保产业发展
	水务局	负责指导城市污水处理回用等非传统水资源开发的工作
	市政管委会（城管局、建设委员会等）	具体负责污水处理设施和管网建设
	财政厅	政府采购招投标监管、企业补贴等
	商务厅	服务贸易管理
	国资局	负责地方控股环保企业的资产、人事管理

注：根据国家政府机关职能的“三定”方案等整理。

4.1.2 环境服务的采购管理

采购管理部门各地差别较大：污水处理项目的采购责任主要在市一级政府，也有部分在区县或者园区管理部门，各地区具体负责采购的单位并不统一，有建委（住建局）、发改局、城投公司、环保局、污水公司、公用事业管理局、开发区管委会等，即使是在同一个省、同一类型、规模相近的项目，委托单位也不同。

4.2 市政污水处理服务的市场化改革取得哪些经验

4.2.1 改革历程

几十年来，包括污水处理在内、市政服务是由政府负责投资，政府直属的公有制企、事业单位运营为主，其他所有制企业为补充的供应形式。20 世纪 80 年代，改革开放成为主旋律后，为了提高市政服务的质量和效率，我国市政服务也进行了市场化改革的尝试，其进程曲折，政策反复波动，大致经历了 5 个阶段：①起步阶段，政府担保的国际贷款进行基础设施建设。80 年代改革开放，城市水业投资改革开始，通过直接或间接担保、获得政府间贷款或国际金融组织贷款，在这一轮引资中涉及了主要大城市 100 多个项目。后被中央禁止城市政府参与担保等直接融资行为。②第一次建设高峰，地方政府引进外资建厂成为新潮流。90 年代初期，“建立社会主义市场经济体制”成为行动纲领，受到市场经济政策引导，加之中央和地方分税制改革，地方财政资金紧缩，污水处理建设资金短缺，各地政府积极引进外资进行基础设施建设，外资开始以合作经营并且保证固定回报的形式投资城市水厂项目。到 1998 年，“固定回报”被 3 次发文清理。③第二次建设高峰，地表水污染全面爆发引起重视，总量控制政策引导污水处理建设高速发展，同时国家整体开放政策宽松，市场运作更加灵活。90 年代后期，河湖污染严重，原国家环保总局提出污染物总量控制制度，污水处理厂建设加速，各地开始了以大量的 BOT（建设—运营—移交）方式建设的污水处理厂项目。1996 年，国家发展和改革委员会批准了第一批公私共建项目——包括成都第六水厂 B 厂在内的 3 个 BOT 基础设施项目[1]。2001 年中国加入 WTO 后，开放趋势扩大，在继续深化改革的政策指引下，特许经营管理办法等在 2002 年后陆续出台，污水处理规模翻倍增长，全国市级污水处理厂建设基本完成。④第四阶段，国有公司主导污水处理厂建设。2008 年全球金融危机之后，市场化项目出现下降趋势。“国进民退”现象在水务企业中表现明显，国有控股公司大量收购、并购中小型企业和民营企业，国有控股企业迅速扩大了市场占有率。⑤第五阶段，2013 年党的十八届三中全会提出“全面深化改革”方针后，关于政府购买公共服务、PPP（公私合营）模式等管理规范密集出台，新一轮的污水处理服务市场化进程有可能加速。

4.2.2　公益事业的投资回报率成为市场化的争议核心

在市场化改革的探索实践进程中，投资和运营模式的多样化给市政服务的发展带来了巨大活力，但同时也暴露出一系列问题，引起政府、行业和企业对市政服务改革的思考和争议。

> 市场化改革的核心问题是对投资回报的争议。污水处理服务作为公益事业、非营利产业，但是市场化运作又意味着：如果没有足够的盈利率，就不会刺激生产的积极性、产生有效供给。污水处理同时又是固定投资大，回报周期长的服务，如果没有对未来收益的良好预期，对开放政策的稳定预期，企业家不敢在前期投入，环保企业家必须“一眼看市场，一眼看市长”。和环境服务的其他领域一样，污水处理虽然有很强的需求，但是没有产生与之相应的市场、供给持续不足，也是制约环保产业健康发展的核心问题。

20 世纪 90 年代，在高速城镇化发展和中央与地方分税制改革的背景之下，地方政府面临着基础设施建设亟待发展和财政资金紧缩的双重压力，以政府为主导的投资方式难以满足日益增长的设施发展需求和投资需求，而地方政府受到《预算法》等法规政策的限制，缺乏有效的融资渠道。在中央政府提出可以尝试在投资领域引入外资进入基础设施领域之初，我国尚未建立起配套的法制体系，风险

① 部分参考中国水网. 傅涛《清华水业蓝皮书》之二十四.

较大。在我国政府的政策引导下，水业作为一种投资产品受到外资青睐，涌现一批以固定回报率为承诺的外方投资水业项目。一方面，对于进入我国水务市场的外资企业而言，为了减少其自身的投资风险以及项目执行的政策风险，会将其投资的回报问题作为与地方政府的谈判条件之一；另一方面，地方政府以“引资”为重，对外资企业进入水务市场的风险分析不足，往往会为了解决眼前的资金问题而直接或间接地向外方投资者做出投资固定回报的承诺，因而在这一时期签订的合同中出现了不少高固定回报率、包销承诺等“不公平”条款。

1998年、2001年和2002年国务院三次发文对“固定回报”的项目进行清理①。这些文件精神都使外（合）资企业在水业方面的投资信心受挫，其中：《国务院办公厅关于妥善处理现有保证外方投资固定回报项目有关问题的通知》（国办发〔2002〕43号）明确指出：保证外方投资固定回报不符合中外投资者利益共享、风险共担的原则，违反了中外合资、合作经营有关法律和法规的规定；今后任何单位不得违反国家规定保证外方投资固定回报，并要求各地分别采取“改”“购”“转”“撤”等方式处理外方投资固定回报项目。在清理和纠正外方投资固定回报项目过程中，一些地方政府不得不以高昂的代价回购合资的项目；对我国水务市场外资企业的积极性造成不同程度的打击；还不同程度引发了外资与地方政府之间的矛盾（专栏4-1、专栏4-2）。

专栏4-1 “清理固定回报”引起的诉政府案

2003年备受关注的诉政府案是长春汇津项目。汇津中国（长春）污水处理有限公司认为长春市人民政府取消了其企业赖以生存的《长春汇津污水专营管理办法》，导致自身生产经营陷入困境，因此以长春市人民政府为被告向长春市中级人民法院提出行政诉讼。2003年12月24日，吉林省长春市中级人民法院作出一审判决，维持长春市人民政府2003年2月28日作出的“关于废止《长春汇津污水处理专营管理办法》的决定”，驳回原告的赔偿请求。原告上诉，并于2004年2月

① 1998年9月《国务院关于加强外汇外债管理开展外汇外债检查的通知》（国发〔1998〕31号）、2001年4月《国务院关于进一步加强和改进外汇收支管理的通知》（国发〔2001〕10号）、《国务院办公厅关于妥善处理现有保证外方投资固定回报项目有关问题的通知》（国办发〔2002〕43号）。

26 日，二审期间，宣称由于运行资金枯竭，汇津公司建设经营的长春汇津北郊污水处理厂正式停产，此举导致 39 万 t/d 污水直接排入松花江。

在一些城市，由于地方政府的换届重选，或者相关人员的更迭，出现了合同条款无法实现的问题，导致政府信用降低。在此期间，沈阳、长春、四平、成都、郑州、廉江等地的外资企业与当地政府合营的自来水厂单元服务项目都不同程度地陷入窘境或遭到质疑。

据汇津公司提供的资料，1999 年，长春市人民政府通过招商引资方式，与汇津公司达成一致意见，决定共同投资建设中外合作污水处理厂。长春市排水公司与汇津公司于 2000 年 3 月签署《合作企业合同》，决定设立长春汇津污水处理有限公司，同年 10 月 8 日取得长春市工商行政管理局核发的《企业法人营业执照》。同年 7 月 14 日，长春市政府制定《长春汇津污水处理专营管理办法》（以下简称《管理办法》）。该项目长春市引资人民币 2.7 亿元，建设和运营了一座日污水处理能力达 39 万 t 城市污水处理厂。

2000 年底，项目投产后合作运行正常。从 2002 年年中始，排水公司开始拖欠合作公司污水处理费。自 2003 年 3 月起，排水公司开始停止向合作企业支付任何污水处理费，导致合作企业欠收的污水处理费（截至 2003 年 10 月底）累计达到约 9 700 万元人民币。

为解决争议，汇津公司邀请吉林省外经贸厅出面调解，在 2003 年 5 月 28 日的调解会上，汇津公司得知长春市政府已于 2003 年 2 月 28 日废止了《管理办法》。汇津认为《管理办法》是政府作为支持污水处理企业而做出的行政许可和行政授权行为，废除《管理办法》等于摧毁了合作公司成立及运营的基础。

在多次协商无果的情况下，汇津公司于 2003 年 8 月 21 日以长春市人民政府为被告向长春市中级人民法院提起行政赔偿诉讼。法院经审理后作出了判决。据悉，汇津公司将上诉于吉林省高级人民法院。

该案涉及诸多实体和程序上的复杂问题，在此只对该案涉及的“固定回报”问题略加陈述。

在判决书中，法院认定汇津长春污水处理项目是固定回报项目，这是笔者所见到的此方面的第一个判例。法院的认定基于对该项目《合作企业合同》四项约定的判断，现将判决书的相关文字抄录如下：

1．市排水公司每日应当提供不少于39万t污水的“标准处理量”，若任何一个月污水的“实际处理量”达不到该月“标准处理量”总和时，则按照该月的“标准处理量”总和计算污水处理量。上述内容属于固定的污水处理保底量，由固定的污水处理保底量导致固定的最低污水处理费的保底价格。

2．每吨污水处理费0.60元人民币，从2002年1月1日起，每年对污水处理价进行上调，而且在任何情况下，均不低于任何每两年上调4%的幅度，上述内容属于在固定保底价格基础上固定的给外方回报要逐年增加。

3．若“结算日”的人民币兑换美元的汇价，比出资日的人民币兑换美元的汇价下调超过5%，则“结算日”应收的污水处理费应相应上调。该内容属于固定的最低保底汇价。

4．如果因电价的增幅、国家规定的税费增加或税费减免优惠发生变化以及国家、省、市征收城建费，均按实际发生的额外生产成本和实际支出加在污水处理费之上，由甲方支付给公司。该规定属于固定的污水处理费定价条件。

法院认为，上述规定的内容违反了《中外合作经营企业法》利益共享、风险共担的原则，因此，原告所经营的该污水处理项目，属于国务院国办发〔2002〕43号文件规定的保证外方投资固定回报的项目。

关于固定回报，《国务院关于加强外汇外债管理开展外汇外债检查的通知》（国发〔1998〕31号，1998年9月28日）表述为：“二、5.严格规范吸收外资行为，坚决纠正和防止变相对外举债，包括违反风险共担原则保证外商投资企业外方固定回报的做法。吸收外商投资，要贯彻中外投资者共担风险、共享收益、共负亏损的原则。中方不顾投资项目的经营效益和市场承受能力，承诺其产品的价格或收费水平，或以项目以外的收入等保证外方固定投资收益，其实质都是变相举债，要坚决防止和纠正。”

《国务院关于进一步加强和改进外汇收支管理的通知》（国发〔2001〕10号，2001年4月18日）表述为：“四、（二）严禁新批保证外方固定回报项目。任何单位不得违反国家规定保证外方投资固定回报，中外合资、合作合同不得按投资额确定回报比率。对新批保证外方投资固定回报的，要坚决予以纠正，对有关责任人严肃查处并追究领导人的责任。对现有保证外方固定回报项目，由国家计委牵头，会同外经贸部、外汇局提出处理意见报国务院。”

《国务院办公厅关于妥善处理现有保证外方投资固定回报项目有关问题的通知》（国办发〔2002〕43 号，2002 年 9 月 10 日）对固定回报项目的妥善处理作了规定。

到目前为止，笔者尚未见到公开的对上述文件解读的文字。对照法院的认定和上述文件的表述，应该有很多问题值得探讨和界定，这对目前的城市水业市场化改革应该有直接的巨大的影响——不容回避的事实是，全国各地有该案类似约定的合作项目已经存在和正在洽谈的都不在少数。

数据来源：根据中国水网相关报道整理。

专栏 4-2　投资回报率的争议与确定

关于固定回报的学理解释，金永祥认为：固定回报是指不考虑投资人的经营效率，政府以与投资人商定的投资利润率向投资人支付利润。由于在投资期内每年的利润率都是确定的，以此为基础测算的内部收益率就是固定的，称为固定回报。在固定回报项目中，除了政府违约风险外，投资人几乎不承担其他任何风险。固定回报最大的缺点就是忽略了效率因素和道德因素。对于一个投资项目，回报率高低取决于经营效率，效率越高，成本就越低，回报率就应该越高。当政府固定了回报率时，投资人将没有积极性提高效率，使浪费严重、成本增加，同时政府无法知道真实成本，投资人经常弄虚作假，使真实的投资回报率远高于政府保证的固定回报。

有人认为，在一个投资项目中，如果政府保证了最低购买量，且对价格做出了明确规定，那么这种行为就是固定回报。这是一种误解。投资人在这种项目中仍然要承担很多风险，如建设工期延误、建设投资超支、发生自然灾害等，投资人在投资期内每年的利润水平存在很多变数，而且与其经营管理的效率直接相关，因此其内部收益率是不固定的。在这种项目中，政府保证最低购买量和价格，减少了投资人的部分风险。根据资本定价模型，风险越低，回报率要求越低，因此在这种保证前提下，只要操作规范，产品价格就应该低于没有保证情况下的价格。

污水处理厂在建设标准、投资额及运行年限确定的情况下，政府与投资商谈判的焦点是污水处理单价，而污水处理单价的核心是投资回报率问题。根据国家计委《关于印发推进城市污水、垃圾处置产业化发展意见的通知》（计投资〔2002〕159 号）

（以下简称《通知》）指出：对社会资本投资的城市污水、垃圾处置项目，当地政府可参照同期银行长期贷款利率的标准，设定投资回报参考标准，并根据其他具体条件计算项目的运行成本，合理确定城市污水、垃圾处置的价格，以此作为对投资者招标的标底上限，通过招标选择最优化方案及项目的投资运营企业。根据国内供排水项目投资回报率标准，参照部分城市污水处理BOT项目所设置的回报率，在同期银行贷款利率为5%的情况下，回报率上限可设为8%左右，然后通过招标竞价确定。

同时，政府要防止投资商在投标时以低回报率中标，实施中降低建设标准的做法。根据《城市污水处理工程项目建设标准》规定1万～5万t/d规模的二级污水处理厂，投资额一般为1 120～1 350元/t。但有的投资商为节省费用，仅投资几百元/t，造成主体工程结构单薄、设施简陋、标准较低，等工程经营期满移交政府时，将基本报废。这样，企业赚足了钱，却给政府留下了后患。所以，政府在谈判时不能仅追求低回报率、低单价，其大小要建立在确保工程设计、质量及投资额符合国家建设规范的基础上。

4.2.3 市场化发展的政策导向

虽然，政策波动反复，但是推动市政服务市场化改革的方向一直没变。2002年，原建设部出台《促进市政公用事业特许经营管理办法》，拉开了市政环境公用事业市场化改革以及制度创新的序幕。同年，原国家计委、国家经贸委、外经贸部联合发布了《外商投资产业指导目录》，允许外资进入城市供水厂建设、经营污水、垃圾处置厂、危险废物处理处置厂（焚烧厂、填埋场）及环境污染治理设施（注：供排水管网的建设一直被列在限制投资目录中，要求中方控股）；之后2004年国家发改委、商务部联合发布的《中西部地区外商投资优势产业目录（2004）》和2007年《外商投资产业指导目录（2007年修订）》都鼓励扩大市政服务的建设、经营的开放力度，并仍然继续对管网股权的限制。

2004年《市政公用事业特许经营管理办法》实施，对包括城市供水、污水处理、垃圾处置在内的市政环境公用事业实行特许经营。随后，各地积极推行特许经营管理制度的建设，实行了《地方公用事业/基础设施特许经营条例（办法/管理规定）》。

2005 年，原建设部出台《关于加强市政公用事业监管的意见》对水业开始重视并规范市政环境公用事业的监管。

2009 年，国务院转发国家发改委《关于 2009 年深化经济体制改革工作意见的通知》（国发〔2009〕26 号），要求深化垄断行业改革，加快市政公用事业改革，扩大城市污水处理、垃圾处置等特许经营范围。

2013 年，党的十八大和十八届三中全会以来，中央精神信号明确，大力鼓励社会兴办公共服务。相应的政府采购和第三方治理的管理办法密集出台。

4.3　污水处理服务政策管理趋向开放市场吗

4.3.1　中央会议精神

（1）开放污水处理环境服务市场是总趋势。在 2013 年 7 月 31 日李克强总理主持召开的国务院常务会议上，明确提出“要推进政府向社会力量购买公共服务”的意见。城镇污水处理服务符合该会议强调的各个特征，包括惠及人民的公共服务、目前由政府运作存在质量和效率不高问题以及符合政事分开改革方向等特征。

会议提出：“为了能够提供更好的公共服务，凡是社会能办好的尽可能交给社会力量承担。公共服务领域的创新和改革意义重大，既是惠及人民群众、深化社会领域改革的重大措施，又是加快服务业发展、扩大服务业开放、引导有效需求的关键之举，也是推动政府职能转变，推进政事、政社分开，建设服务型政府的必然要求。中央会议精神是要放开市场准入，释放改革红利，凡社会能办好的，尽可能交给社会力量承担，加快形成改善公共服务的合力，有效解决一些领域公共服务产品短缺、质量和效率不高等问题，使群众得到更多便利和实惠。将原来政府运营的服务通过委托、承包、采购等方式向社会购买，按照公开、公平、公正原则，严格程序，竞争择优，确定承接主体，并严禁转包。”

（2）外商投资政策放松。从之前的“准入后国民待遇+正面清单”转变为“准入前国民待遇+负面清单”。随着政府推动公共服务购买社会化及党的十八届三中全会提出“探索对外商投资实行准入前国民待遇加负面清单的管理模式”等措施，外资进入中国市场空间将进一步拓展。2013 年之前，中国外商管理模式一直采取的是准入后国民待遇和正面清单的模式，对外商直接投资进入进行审批，通过《外商投资产业指导目录》对外商投资产业进行引导和管理，外商投资项目分为鼓励类、允许类、限制类和禁止类。党的十八届三中全会后，中国以开放促进改革，放宽外商投资准入，推进服务领域的投资自由化，将外商投资项目由核准制改为备案制，将外商投资企业合同章程审批改为备案管理，积极构建更加开放、公平、非歧视的政策体系，这对于推动各类资本相互融合、优势互补，加快中国政府向高效的服务型政府转型，充分发挥市场配置资源的决定性作用势必产生深远的影响。

4.3.2 中央部委法规规章

在未来几年，我国完成加入 GPA 谈判结束后，国内法律法规将面临重大挑战，在 3 个方面必须进行适应性调整：①文件条款原则上与国际规则一致，不能有明显的冲突；②管理规则和操作方式转变，需要补充一些法律法规上空白；③为必须排除在 GPA 范围外的项目，准备充分的、禁得住挑战的法律依据。

通过对国务院发布文件条款的梳理，可以发现：围绕党的十八届三中全会的“深化改革”和十八届四中全会的“依法治国”精神，在改变政府服务职能，向社会购买公共服务，以及政府和社会合作的 PPP 模式等方向，中央出台了大量文件，虽然这些文件中很少直接针对具体环境服务的采购，但是其大政方针都是向着有利于进一步扩大对外开放领域、规范市场和政府行为、推动社会参与方向前进的，同时也是与更加顺畅地迎接加入 GPA 的国际环境相协调的。

在对过去 5 年中共中央　国务院、国家发展和改革委员会、财政部、环境保护部和住建部等部门发布的法律、法规和规章办法等文件逐条审读中，可以发现以下 5 个态势。

（1）法律法规、管理办法等文件中，没有明显与 GPA 国民待遇原则上相违背的表述，管理方式没有区别内、外资，甚至在很多文件积极鼓励外资进入，对外资在环境服务方面基本没有特殊限制。但同时表述通常比较模糊，给具体操作的管理部门留下解释的空间以及制定补充规定的缺口。

举例说明涉及环境活动的 3 种形式文件条款：

- 法律法规：环境相关法律的条款多为原则性规定，不涉及采购活动的操作细节。例如，《环境保护法》规定“应当优先采购和使用节能、节水、节材等有利于保护环境的产品、设备和设施。……”，该法被称为“史上最严格的环保法”，但是在此条款描述并非强制性，只是建议性质。
- 通知、指导意见：这是发布数量最多、最常见的管理政策文件类型，此类文件虽然涉及操作细节、具有指导性，但仍然是表述模糊、没有强制性。例如，《关于环境污染责任保险工作的指导意见》规定“保险公司可以委托国家认可的独立第三方机构对环境污染事故进行定损”，“国家认可”一词并不明确由哪个部门具体负责认可，认可程序和资格要求，是否不允许外资进入，等等。
- 管理办法、实施条例：本应涉及具体操作细节，但用词不够明确，没有明显区分内、外资的管理。例如，《基础设施和特许经营管理办法》“符合内外资准入等有关法律法规规定”。内外资准入条款参见哪部法规或者哪个文件不明确，留下管理部门解释的空间。

（2）近几年国家和部委密集出台政策文件，规范公平竞争秩序、推进市场化进程以及实现统一市场、平等待遇成为主旋律。例如：

国务院《关于印发水污染防治行动计划的通知》

- 大力发展环保产业，规范环保产业市场。
- 对涉及环保市场准入、经营行为规范的法规、规章和规定进行全面梳理，废止妨碍形成全国统一环保市场和公平竞争的规定和做法。
- 健全环保工程设计、建设、运营等领域招投标管理办法和技术标准。
- 推进先进适用的节水、治污、修复技术和装备产业化发展。

国务院《关于创新重点领域投融资机制鼓励社会投资的指导意见》

- 推动环境污染治理市场化。
- 通过特许经营、投资补助、政府购买服务等多种方式，鼓励社会资本投资……污水垃圾处理……项目。

- ☞ 实行上下游价格调整联动机制，价格调整不到位时，地方政府可根据实际情况安排财政性资金对企业运营进行合理补偿。
- ☞ 支持开展排污权、收费权、……特许经营权、购买服务协议预期收益、……等担保创新类贷款业务。探索利用……污水垃圾处理等预期收益质押贷款，……

国务院《关于加快发展节能环保产业的意见》

- ☞ 支持节能环保产业“走出去”和“引进来”。鼓励有条件的企业承揽境外各类环保工程、服务项目。结合受援国需要和我国援助能力，加大环境保护、清洁能源、应对气候变化等领域的对外援助力度，支持开展相关技术、产品和服务合作。培育建设一批国家科技兴贸创新基地。鼓励节能环保企业参加各类双边或国际节能环保论坛、展览及贸易投资促进活动等，充分利用相关平台进行交流推介，开展国际合作，增强“走出去”的能力。引导外资投向节能环保产业，丰富外商投资方式，拓宽外商投资渠道，不断完善外商投资软环境。继续支持引进先进的节能环保核心关键技术和设备。国家支持节能环保产业发展的政策同等适用于符合条件的外商投资企业。

国令《城镇排水与污水处理条例》

- ☞ 对运营机构的要求是：（一）有法人资格；（二）有与从事城镇排水与污水处理设施维护运营活动相适应的资金和设备；（三）有完善的运行管理和安全管理制度；（四）技术负责人和关键岗位人员经专业培训并考核合格；（五）有相应的良好业绩和维护运营经验；（六）法律、法规规定的其他条件。

（3）政府采购规则、资金管理等职能归属财政部，近年来的相关文件在很多细节上有丰富的补充，其基本原则与 GPA 相一致，环境服务领域，包括治理和监测都在政府采购的社会服务范围之内。

财政部的政府采购和资金管理规章等鼓励社会资本进入、降低门槛，也意味着对外资开放。如：

《政府购买服务暂行管理办法》

☞　应当纳入政府购买服务指导性目录……环境治理、监测服务。

☞　采取购买、委托、租赁、特许经营、战略合作等形式。

《政府和社会资本合作项目政府采购管理办法》

☞　PPP 项目实施机构可以视项目的具体情况，组织对符合条件的社会资本的资格条件进行考察核实。

《关于推进水污染防治领域政府和社会资本合作的实施意见》

☞　环境保护部门要进一步完善水污染防治领域特许经营管理制度，降低准入门槛，清理审批限制，拓宽社会资本进入渠道。

（4）环保部、住建部、发改委、水利部等多个部门针对促进环境（环保）服务业发展和污水处理、水资源管理的规划、政策频繁出台，这些政策向全社会发布了鲜明的信号，①城镇污水处理服务未来要向专业化、市场化和社会化方向发展；②国家正在重点研究促进环境服务业发展的金融、税费等优惠政策；③对污水和水资源相关的收费力度进一步加大，并强化收费的法律依据；④国家鼓励民间资本投资污水处理项目，并鼓励其向国外发展；⑤国家将进一步加大污水治理的投资力度。例如：

国务院《关于创新重点领域投融资机制鼓励社会投资的指导意见》

☞　通过特许经营、投资补助、政府购买服务等多种方式，鼓励社会资本投资……污水垃圾处理……项目。

☞　实行上下游价格调整联动机制，价格调整不到位时，地方政府可根据实际情况安排财政性资金对企业运营进行合理补偿。

☞　支持开展排污权、收费权、……特许经营权、购买服务协议预期收益、……等担保创新类贷款业务。探索利用……污水垃圾处理等预期收益质押贷款，……

☞　推动环境污染治理市场化。在电力、钢铁等重点行业以及开发区（工业园区）污染治理等领域，大力推行环境污染第三方治理，通过委托治理服务、托管运营服务等方式，由排污企业付费购买专业环境服务公司的治污减排服务，提高污染治理的产业化、专业化程度。

☞　推广政府和社会资本合作（PPP）模式。……在公共服务、资源环境、生态保护、基础设施等领域，积极推广 PPP 模式，规范选择项目合作伙伴，引入社会资本，增强公共产品供给能力。

☞ 探索利用工程供水、供热、发电、污水垃圾处理等预期收益质押贷款，允许利用相关收益作为还款来源。

国务院《“十二五”节能环保产业发展规划》

☞ 提出了完善价格、收费和土地政策，加大财税政策支持力度、拓宽投融资渠道等七个方面的措施，并从财税、资金、贸易和技术方面确定了对企业的支持方向。

国务院《关于推行环境污染第三方治理的意见》

☞ 对可经营性好的城市污水、垃圾处理设施，采取特许经营、委托运营等方式引入社会资本，通过资产租赁、转让产权、资产证券化等方式盘活存量资产。

☞ 提高排污费征收标准，实行差别化排污收费。完善污水、垃圾处理收费政策，适当提高收费标准，逐步覆盖全处理成本。

财政部《关于推进水污染防治领域政府和社会资本合作的实施意见》

☞ 综合采用使用者付费、政府可行性缺口补助、政府付费等方式，分类支持经营性、准公益性和公益性项目。积极发掘水污染防治相关周边土地开发、……等收益创造能力较强的配套项目资源，鼓励实施城乡供排水一体、厂网一体和行业“打包”，实现组合开发，吸引社会资本参与。完善市政污水处理、垃圾处理等水污染防治领域价格形成机制，建立基于保障合理收益原则的收费标准动态调整机制。优化政府补贴体系，探索水污染防治领域市场化风险规避与补偿机制。

☞ 环境保护部门要进一步完善水污染防治领域特许经营管理制度，降低准入门槛，清理审批限制，拓宽社会资本进入渠道。

住建部《关于印发进一步鼓励民间资本进入市政公用事业领域的实施意见的通知》

☞ 鼓励民间资本采取独资、合资合作、资产收购等方式，直接投资城镇污水处理厂等项目的建设和运营。

（5）自党的十八届三中全后，针对落实市场起决定性作用、政府采购公共服务、公私合营等，各部门密集出台了多项文件，这些规定总体是向扩大市场开放范围、打通社会资本（包括外资）进入环境服务领域的，各部门在管理权限、管理思路上还存在一些差异，环境服务到底应该归属哪个部门管理也并不明朗。

例如，2014 年 9—12 月国务院、发展与改革委员会和财政部密集出台了关于政府和社会资本合作模式（Public-Prirate-Partnership，PPP）的文件：财政部《关于推广运用政府和社会资本合作模式有关问题的通知》（财金〔2014〕76 号）、国务院《关于创新重点领域投融资机制鼓励社会投资的指导意见》（国发〔2014〕60 号）、财政部《关于政府和社会资本合作示范项目实施有关问题的通知》（财金〔2014〕112 号）、发改委《关于开展政府和社会资本合作的指导意见》（发改投资〔2014〕2724 号）、财政部《政府和社会资本合作模式操作指南（试行）》（财金〔2014〕113 号）等。文件题名十分相似，但管理思路有差异：在两部委各自制定的操作指南和指导意见中 PPP 模式的主体资格方面表述不同——发改委在《政府和社会资本合作项目通用合同指南》（2014 年版）中对"社会资本主体"的界定为，"符合条件的国有企业、民营企业、外商投资企业、混合所有制企业，或其他投资、经营主体"。而在财政部《政府和社会资本合作模式操作指南》中，社会资本则为"已建立现代企业制度的境内外企业法人"，并明确"不包括本级政府所属融资平台公司及其他控股国有企业"；同时，在这些文件中都明确包含污水、垃圾处理等环境服务。

表 4-2　2010—2015 年国家各部委发布的污水处理服务相关重要政策、法规和规划

发文单位/文号	文件名称	发布时间	污水处理服务市场化和采购管理相关内容
国务院 国办发〔2015〕40 号	关于妥善解决地方政府融资平台公司在建项目后续融资问题的意见	2015.5	依法合规积极支持融资平台公司在建项目后续融资，确保在建项目有序推进，有效防范和化解财政金融风险做出的重要部署
国务院 国发〔2015〕17 号	国务院关于印发水污染防治行动计划的通知 （水十条）	2015.4	（十三）大力发展环保产业。规范环保产业市场。对涉及环保市场准入、经营行为规范的法规、规章和规定进行全面梳理，废止妨碍形成全国统一环保市场和公平竞争的规定和做法。健全环保工程设计、建设、运营等领域招投标管理办法和技术标准。推进先进适用的节水、治污、修复技术和装备产业化发展

发文单位/文号	文件名称	发布时间	污水处理服务市场化和采购管理相关内容
国务院 国发〔2015〕17 号	国务院关于印发水污染防治行动计划的通知 （水十条）	2015.4	（十四）完善收费政策。修订城镇污水处理费、排污费、水资源费征收管理办法，合理提高征收标准，做到应收尽收。城镇污水处理收费标准不应低于污水处理和污泥处理处置成本 （十五）促进多元融资。引导社会资本投入。积极推动设立融资担保基金，推进环保设备融资租赁业务发展。推广股权、项目收益权、特许经营权、排污权等质押融资担保。采取环境绩效合同服务、授予开发经营权益等方式，鼓励社会资本加大水环境保护投入
财政部 财建〔2015〕90 号	关于推进水污染防治领域政府和社会资本合作的实施意见	2015.4	综合采用使用者付费、政府可行性缺口补助、政府付费等方式，分类支持经营性、准公益性和公益性项目。积极发掘水污染防治相关周边土地开发、供水、林下经济、生态农业、生态渔业、生态旅游等收益创造能力较强的配套项目资源，鼓励实施城乡供排水一体、厂网一体和行业“打包”，实现组合开发，吸引社会资本参与。完善市政污水处理、垃圾处理等水污染防治领域价格形成机制，建立基于保障合理收益原则的收费标准动态调整机制。优化政府补贴体系，探索水污染防治领域市场化风险规避与补偿机制 环境保护部门要进一步完善水污染防治领域特许经营管理制度，降低准入门槛，清理审批限制，拓宽社会资本进入渠道
发改委 财政部 住建部 交通部 水利部 中国人民银行 令〔2015〕第 25 号	基础设施和特许经营管理办法	2015.4	实施特许经营的基础设施和公用事业项目，应当具备以下条件： （一）符合内外资准入等有关法律法规规定； （二）具有公益性、长期性、可经营性，风险可分担； （三）项目建设运营的标准和监管要求明确； （四）能够物有所值，即与传统政府投资模式相比，社会资本参与能提高公共服务质量和效率，或者有效降低项目全生命周期成本。 特许经营期限一般不超过 30 年
财政部 财金〔2015〕21 号	关于政府和社会资本合作项目财政承受能力论证指引的通知	2015.4	框架性文件，推进 PPP 项目实施，保障合同履行，有效防范和控制财政风险，明确和规范了 PPP 项目财政承受能力论证工作流程

发文单位/文号	文件名称	发布时间	污水处理服务市场化和采购管理相关内容
发改委 发改投资〔2014〕2724 号	关于推进开发性金融支持政府和社会资本合作有关工作的通知	2015.3	意见性文件，与国开行等联合发文，就推进开发性金融支持 PPP 项目发布了指导性意见
财政部 财建〔2015〕29 号	关于市政公用领域开展政府和社会资本合作项目推介工作的通知	2015.2	框架性文件，主要规定在城市供水、污水处理、垃圾处理、公共交通基础设施、公共停车场、地下综合管廊等市政公用领域开展 PPP 项目推介工作的目标、原则、要求、实施、保障等
财政部 民政部 国家工商总局 财综〔2014〕96 号	政府购买服务暂行管理办法	2014.12	应当纳入政府购买服务指导性目录……环境治理、监测服务、采取购买、委托、租赁、特许经营、战略合作等形式 合同应当明确购买服务的内容、期限、数量、质量、价格等要求，以及资金结算方式、双方的权利义务事项和违约责任等内容
发改委 发改投资〔2014〕2724 号	关于开展政府和社会资本合作的指导意见	2014.12	发改委 PPP 模式总动员，明确项目的范围、操作模式、工作机制及政策保障，属于框架性、指导性文件
发改委	政府和社会资本合作项目通用合同指南（2014 年版）	2014.12	PPP 项目合同指南，包括合同主体、合作关系、项目前期工作、收入和回报、不可抗力和法律变更、合同解除、违约处理、争议解决以及其他约定等
财政部 财库〔2014〕215 号	政府和社会资本合作项目政府采购管理办法	2014.12	[程序规定] PPP 项目实施机构可以视项目的具体情况，组织对符合条件的社会资本的资格条件进行考察核实
国务院办公厅 国办发〔2014〕69 号	关于推行环境污染第三方治理的意见	2014.12	（四）对可经营性好的城市污水、垃圾处理设施，采取特许经营、委托运营等方式引入社会资本，通过资产租赁、转让产权、资产证券化等方式盘活存量资产 （六）合理确定收益。对特许经营、委托运营类项目，要参考本行业平均利润、银行存贷款利率等因素，科学确定投资收益水平，并逐步向约定公共服务质量下的风险收益转变，政府不得承诺不合理的高额固定收益回报。对环境绩效合同服务类项目，要建立公平、合理的绩效考核和评价机制，公共财政支付水平与治理绩效挂钩。完善价格调整机制，明确约定中标价的调整周期、

发文单位/文号	文件名称	发布时间	污水处理服务市场化和采购管理相关内容
国务院办公厅 国办发〔2014〕69 号	关于推行环境污染第三方治理的意见	2014.12	调整因素和启动条件等 （七）保障公共环境权益。统筹好公益性和经营性关系，对项目经营者处置相关的特许经营权、土地使用权、设施和企业股权等资产及其权益作出限制性约定，不得随意转让。建立退出机制，制定临时接管预案，在项目经营者发生危害公共利益和公共安全情形时，及时启动临时接管预案 （十五）规范市场秩序。对环境公用设施，一律采用公开招标或竞争性谈判方式确定特许经营方或委托运营方。实施综合评标制度，将服务能力与质量、运营方案、业绩信用等列为招投标条件，不得设定地域歧视性条件，避免低价低质中标。推动建立企业诚信档案和信用累积制度，第三方治理企业要如实向社会公开污染治理设施建设、运行和污染排放情况 （十七）提高排污费征收标准，实行差别化排污收费。完善污水、垃圾处理收费政策，适当提高收费标准，逐步覆盖全处理成本
财政部 国家发展改革委 住房和城乡建设部 财税〔2014〕151 号	污水处理费征收使用管理办法	2014.12	污水处理费属于政府非税收入，全额上缴地方国库，纳入地方政府性基金预算管理，实行专款专用；鼓励各地区采取政府与社会资本合作、政府购买服务等多种形式，共同参与城镇排水与污水处理设施投资、建设和运营，合理分担风险，实现权益融合，加强项目全生命周期管理，提高城镇排水与污水处理服务质量和运营效率
国务院 国发〔2014〕60 号	国务院关于创新重点领域投融资机制鼓励社会投资的指导意见	2014.11	——通过特许经营、投资补助、政府购买服务等多种方式，鼓励社会资本投资……污水垃圾处理……项目。 ——实行上下游价格调整联动机制，价格调整不到位时，地方政府可根据实际情况安排财政性资金对企业运营进行合理补偿 ——支持开展排污权、收费权、……特许经营权、购买服务协议预期收益、……等担保创新类贷款业务。探索利用……污水垃圾处理等预期收益质押贷款，…… ——推动环境污染治理市场化。在电力、钢铁等重点行业以及开发区（工业园区）污染治理等领域，大力推行环境污染第三方治理，通过委托治理服务、托管运营服务等方式，由排污企业付费购买专业环境服务公司的治污减排服务，提高污染治理的产业化、专业化程度

发文单位/文号	文件名称	发布时间	污水处理服务市场化和采购管理相关内容
国务院 国发〔2014〕60 号	国务院关于创新重点领域投融资机制鼓励社会投资的指导意见	2014.11	——推广政府和社会资本合作（PPP）模式。……在公共服务、资源环境、生态保护、基础设施等领域，积极推广 PPP 模式，规范选择项目合作伙伴，引入社会资本，增强公共产品供给能力。 ——探索利用工程供水、供热、发电、污水垃圾处理等预期收益质押贷款，允许利用相关收益作为还款来源
财政部 财金〔2014〕113 号	政府和社会资本合作模式操作指南（试行）的通知	2014.11	制定 PPP 实操指南，从项目识别、项目准备、项目采购、项目执行、项目移交五个方面做具体规定；属于实施性、操作性文件 ——第二条 本指南所称社会资本是指已建立现代企业制度的境内外企业法人，但不包括本级政府所属融资平台公司及其他控股国有企业
财政部 财金〔2014〕112 号	关于政府和社会资本合作示范项目实施有关问题的通知	2014.11	发布首批 PPP 示范项目，30 个项目遍布全国 15 个省市，涉及城市轨道交通、污水处理、供水供暖、环境治理等多个领域
财政部 财金〔2014〕76 号	关于推广运用政府和社会资本合作模式有关问题的通知	2014.9	——按照“风险由最适宜的一方来承担”的原则，合理分配项目风险，项目设计、建设、财务、运营维护等商业风险原则上由社会资本承担，政策、法律和最低需求风险等由政府承担 ——积极推动社会资本参与市政基础设施建设运营。通过特许经营、投资补助、政府购买服务等多种方式，鼓励社会资本投资城镇供水、供热、燃气、污水垃圾处理、建筑垃圾资源化利用和处理、……等市政基础设施项目，政府依法选择符合要求的经营者 ——政府可采用委托经营或转让—经营—转让（TOT）等方式，将已经建成的市政基础设施项目转交给社会资本运营管理
人大常委会	环境保护法	2014.4	——超标排放污染物，按日计罚，上不封顶 ——明确地方政府对环境质量负责
国务院 国务院令第 641 号	城镇排水与污水处理条例	2014.1	——鼓励采取特许经营、政府购买服务等多种形式，吸引社会资金参与投资、建设和运营城镇排水与污水处理设施，并且鼓励实施城镇污水处理特许经营制度 ——污水处理费应当纳入地方财政预算管理，专项用于城镇污水处理设施的建设、运行和污泥处理处置，不得挪作他用

发文单位/文号	文件名称	发布时间	污水处理服务市场化和采购管理相关内容
住建部	城市污水特许经营协议示范文本	2013.12	特许经营合同文本标准，规范了运营维护的权责和费用问题
国务院 国务院令 第641号	城镇排水与污水处理条例	2013.9	（一）有法人资格； （二）有与从事城镇排水与污水处理设施维护运营活动相适应的资金和设备； （三）有完善的运行管理和安全管理制度； （四）技术负责人和关键岗位人员经专业培训并考核合格； （五）有相应的良好业绩和维护运营经验； （六）法律、法规规定的其他条件
国务院 国办发〔2013〕96号	关于政府向社会力量购买服务的指导意见	2013.9	——倡导发挥社会力量，政府向社会购买“公共服务”。 ——2015年财政部出台的《购买服务管理办法（暂行）》中明确“环境治理”属于公共服务
国务院 国办发〔2013〕36号	关于加强城市基础设施建设的意见	2013.9	——优先升级改造落后设施，确保城市污水处理厂出水达到国家新的环保排放要求或地表水Ⅳ类标准。……到2015年，城市污水处理率达到85%；……城镇污水处理设施再生水利用率达到20%以上
环保部	关于发展环保服务业的指导意见	2013.1	目标： ——形成50个环保服务年产值10亿元以上的骨干企业 ——城镇污水等设施基本实现专业化、市场化 重点工作： ——开展促进环境服务业发展的政策试点工作 ——完善与环保服务业相关的金融、税费、价格等体制机制和政策措施，改善环保服务业发展环境
发改委 发改价格〔2013〕29号	关于水资源征收标准有关问题的通知	2013.1	依据各地水资源状况、现行征收标准、经济发展水平、社会承受能力以及南水北调受水区等因素综合确定“十二五”末各地区水资源费最低征收标准 ——其中，北京和天津最高，地表水资源费平均征收标准为1.6元/m^3，地下水资源费平均征收标准为4元/m^3；上海等13个省市最低，地表水为0.1元/m^3，地下水0.2元/m^3
住建部 建城〔2012〕89号	关于印发进一步鼓励民间资本进入市政公用事业领域的实施意见的通知	2012.6	鼓励民间资本采取独资、合资合作、资产收购等方式，直接投资城镇污水处理厂等项目的建设和运营

发文单位/文号	文件名称	发布时间	污水处理服务市场化和采购管理相关内容
国家发改委 发改价格〔2012〕1906 号	关于利用价格杠杆 鼓励和引导民间投资发展的实施意见	2012.6	二、完善公共事业价格政策，调动民间资本参与投资经营的积极性 （一）完善城市供水、供气、供热价格政策。民间资本按照国家有关规定通过特许经营的方式参与城市供水、排水和污水处理以及供气、供热设施建设与运营的，应与国有资本、外资同等对待，其价格水平按补偿成本、合理收益的原则制定
国务院 国发〔2012〕19 号	“十二五”节能环保产业发展规划	2012.6	提出了完善价格、收费和土地政策，加大财税政策支持力度、拓宽投融资渠道等七个方面的措施，并从财税、资金、贸易和技术方面确定了对企业的支持方向。《规划》提出，节能环保产业产值年均增长 15%以上，到 2015 年，节能环保产业总产值达到 4.5 万亿元，增加值占国内生产总值的比重为 2%左右。环境服务业等将成为产业发展的重点细分
环保部 发改委 财政部 水利部 国函〔2012〕32 号	重点流域水污染防治规划	2012.5	“十二五”将投入 5 000 亿元治理水污染
国务院 国办发〔2012〕24 号	“十二五”全国城镇污水处理及再生利用设施建设规划	2012.5	“十二五”规划项目投资 4 100 亿元。包括：水质监测监管能力建设 15 亿元
国务院 国函〔2011〕119 号	全国地下水污染防治规划	2011.11	安排 346.6 亿元资金用于地下水污染防治。重点包括地下水污染修复示范项目；地下水环境监管能力建设项目 43.0 亿元；地下水污染修复示范项目 10.5 亿元
国务院法制办公室	《政府制定价格成本监审条例》（征求意见稿）	2010	——定价成本监审应当重点审核以下费用：（一）原材料费；（二）燃料和动力费；（三）职工薪酬；（四）固定资产折旧；（五）固定资产修理费；（六）销售费用；（七）管理费用；（八）财务费用 ——本条例第八条规定的定价成本费用应当按照以下要求确定：（一）原材料、燃料和动力费用按照行业技术标准、合理的消耗量和市场价格确定；（二）职工薪酬参照一定范围内的社会平均水平确定；（三）固定资产折旧按照合理的规模、年限平均法和设计使用年限确定；（四）固定资产修理费用参照通常修程和合理费用标准确定；（五）销售费用与管理费用中的职工薪酬、固定资产折旧、固定资产修理费用按照本条第二、三、四项确定，其他费用按照行业先进水平确定；（六）财务费用按照必要、从低的原则确定

4.4 污水处理服务采用哪些模式、履行何种程序

4.4.1 我国污水处理处置服务采购方式①

我国污水处理服务提供方有很多种不同性质的企业：有沿袭传统的公有制事业单位，多种所有制的私营、股份和外商独资、合资企业。采购方式主要有两种：政府直接委托下属的机构运营和公开招投标。如北京市发展和改革委员会立项建设污水处理厂，项目完工后交北京市排水集团经营，属于委托运营（特许经营）。

在传统的公益服务体制下，政府将城市供水、排水作为公共责任，由政府直接投资，并由政府直接领导的企、事业单位形式运营。这种模式下，政府负责投资，收费是象征性的或补贴性的。政府和运营单位之间是行业管理关系而不是市场监管关系，服务责任属于政府。我国的供水排水体制几十年来一直持续这种模式。

近年来，我国城市水业的服务体系发生变化。政府开始尝试在公用事业领域进行开放，允许社会资本进入公共行业，以释放政府的投资压力，同时引入竞争机制，提高效率。但是，城市水业准公共产品特性和垄断经营特点使政府无法完全卸掉服务责任。这些特征要求政府至少履行保障持续、安全、普遍服务的责任，同时由于垄断经营特点使市场竞争机制受限，政府也往往进行价格等经济干预。

由于我国水业市场化改革是在探索中前进，目前城市水业的改革现状可谓是多种模式并存：BOT、TOT 项目类型已经大量涉及新、旧水厂建设项目，尤其是污水处理项目；个别城市尝试实施了管理权转让；少量城市进行了水系统的整体特许经营；水业主体企业的企业化改制进展缓慢，大部分没有实现真正的转变，仍然受到政企不分的困扰；少部分水业主体企业实现了社会资本以合资形式的进入；个别城市还尝试了自来水企业全面私有化。

水业市场化改革中多种模式的并存已成为事实，因此形成市场化实施层面的

① 傅涛，等. 城市水业的特许经营模式与监管. http://news.h2o-china.com/html/2005/04/364191113734400_1.shtml.

混乱。目前，行业中将所有市场化模式统称特许经营，没有区别不同模式下，责任、产权和监管体系的不同，按照一个标准和管理程序去要求和管理这些项目，这是目前水业市场化改革执行混乱的根源。这种混乱主要表现为：对特许经营协议是行政许可还是经济合同的争论；是否一定需要竞争才能获得特许经营权的争论；特许经营权是授给城市水务集团还是授给 BOT 项目公司的争论；政府是否需要独立监管机构的争论；对 BOT 项目是否要进行成本监管的争论；水价形成机制的争论等。

在目前特许经营体系下，政府的责任通常有直接承担和间接承担两类方式，根据不同的政府责任承担方式将“特许经营”分别划分为竞争性特许经营和专营式特许经营两类模式（图 4-1）。

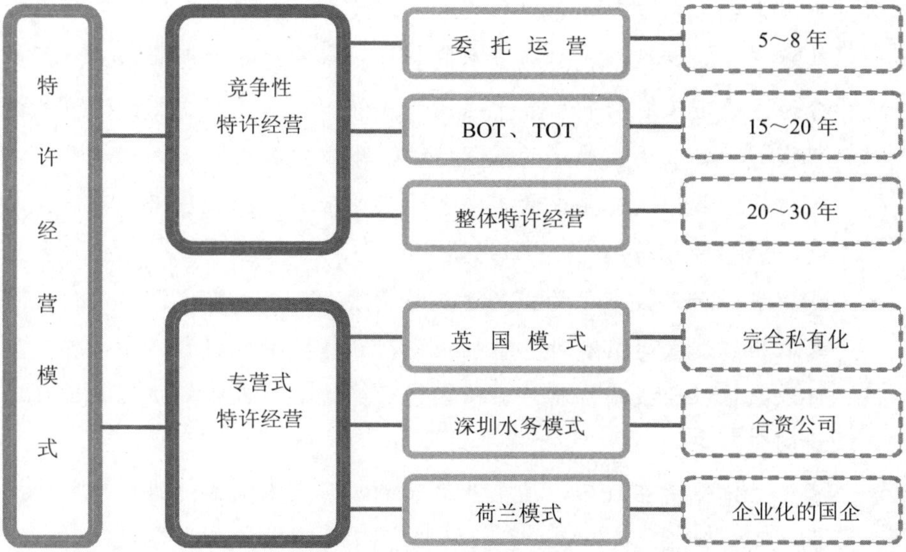

图 4-1　特许经营模式分类图

（1）竞争性特许经营模式。竞争性特许经营模式是目前的主导模式。竞争性特许经营模式具体有三类形式：①所有资产保留在政府，将水业设施经营权通过竞争转让，这种形式称为管理/租赁模式；②管网设施以及收费权保留在政府，将水业设施的某一单元，一般是水厂，在有限期限内转让给企业，这种形式称为水厂特许经营模式，BOT、TOT 等一般属这种模式；③政府将包括管网在内的所有水业设施在有限期限内委托企业经营管理，这种形式称为水系统整体特许经营模式，重庆江北、马鞍山、天津塘沽等地的供水是这种形式。在财政部《关于推进水污染防治领域政府和社会资本合作的实施意见》中，“城乡供排水一体、厂网一体”是受到鼓励的方式。

在目前条件下，竞争性特许经营模式将成为水业市场化改革的主导模式，原因如下：

- 如果没有社会资本的进入，传统水业企业缺乏足够的动力实现真正的政企分开，这使得以国有企业为主导的专营式特许经营模式难以有效推进。另一方面，包含了私有化的专营式特许经营模式所需要的制度保障是多方面的。包括法律体系的支撑，以及公众监管体系的完善等，难以在短期内完成，而我国的公用事业市场化改革又已经全面展开。
- 从政府方面考虑，我国城市水业长期以福利体制运营管理，我国绝大部分地方城市政府沿袭了数十年的行业管理理念根深蒂固，专营式特许经营模式所要求的、严格的过程监管，难以短期内完善。相对而言，竞争性特许经营模式所要求的市场监管与原来的行业管理差距较小，政府角色转变相对容易。
- 城市水业历时数十年的积累资本结构复杂，产权界定困难，对已有资产采取租赁形式更具有可操作性。同时新建项目的投资，由于界定清楚，可以采取社会投资，特许期限内经营的方式，可以解决目前建设资金短缺问题。
- 资产主体保留在政府，使企业运营的投资成本大幅度减少，投资总量减少、风险降低，从而减少企业的投资回报要求，可以有效缓解水价压力，对变革期社会稳定十分重要。
- 水资源在任何国家都具有重要战略地位，政府拥有水业资产的所有权，由企业来运营，可降低系统风险，增加系统的公共安全性。同时，所有权和经营权的适当分离，利于应对 GPA 对环境服务业的开放要求。

（2）专营式特许经营模式。专营式特许经营模式通常有 3 种不同的产权形式。①公有资本完全退出，由社会资本持有，也就是通常所称的完全私有化，如英国模式；②政府保留一定比例的公有资产，与社会资本合资拥有水业企业，但是这种政府资产的持股人，与合资企业只是股权收益关系，公有持股者与市场化监管者是不同的政府机构，如目前深圳水务模式；③由真正实现了企业化改制，完全政资分开、政企分开的国有企业经营，如荷兰模式。

专营式特许经营模式有 4 点优势：①专营式特许经营更能保障水业系统的完整性，利于提高整体效率；②水业市场竞争的企业主体发育尚欠缺；③大量的传统自来水企业正在进行企业化改制，专营形式利于被行业所接受；④专营体制可以促进中央和省建立独立于城市政府的经济监管体系，在更大范围内分摊监管成本，同时便于进行水的系统监管。

4.4.2　采购方式——BOT 模式及各种衍生模式

（1）BOT，即“建设、经营和移交”。其是一种私营机构参与基础设施的开发和经营的方式，也是一种利用民营资本进行基础设施建设的项目融资方式。其实质是一种债权与股权相结合的产权形式。具体做法是，由有关单位组成的股份形式的财团，对项目的设计、咨询、供货和施工实行总承包，项目竣工后，在特许权规定的期限内进行经营，用收费回收投资、偿还债务、赚取利润，达到特许权期限后，将项目无偿交给政府。

（2）BOT 基本特征。其特征有三：①包括建设、拥有、经营和移交全过程，在国际上也称为 BOOT。项目公司在特许期内对项目资产的所有权不是完整意义上的所有权。②政府特许经营。即项目公司必须经政府特别许可才拥有建设、经营资产的权利，政府与项目公司的关系由特许经营协议确定。③项目融资。项目融资是一种无追索权或者只有有限追索权的融资贷款，其核心是归还贷款的资金来自于项目本身。

（3）BOT 涉及的方面多、结构复杂。实践中，在 BOT 基础上演变和创新出多种衍生方式，如 TOT（移交/运营/移交）、BOO（建设/拥有/运营）、ROT（修复/运营/移交）、BLT（建设/租赁/移交）、BT（建设/移交）等，都是对建设—拥有—运营—移交过程的变化，都仍然具有政府特许经营和项目融资的特征，可以统称为类 BOT。

（4）“准 BOT”是针对国内近年来出现的大量号称 BOT 项目而实际不具有项

目融资特征的项目而提出的一个概念。它与 BOT 的最根本的区别就是不属于项目融资。目前，这些项目大多是中小城市或者城镇的中小型项目，多为污水处理项目。项目资金门槛较低，投资规模大多在几千万元人民币到 1 亿元人民币之间。准 BOT 从项目规模到操作过程的多方面都区别于 BOT：①资金门槛较低，不一定需要商业银行的直接参与；即使商业银行以贷款形式参与，也会采用投资人（而不是项目公司）资产抵押或者信用担保取得贷款，而不采用项目融资，不是项目有限追索，银行也因此对投资人以及项目规范性放松了要求。②缺少了银行的制约和要求，实际操作中项目结构一般都被简化，政府和投资人都简化或略去了聘请咨询公司的必要程序，以降低前期费用。③前期费用的降低，反过来进一步使项目降低了进入的资金门槛，引起了更多的企业参与竞争。

4.4.3 采购程序

BOT 项目的运作程序为：项目立项—BOT 招投标—合同谈判及签订—项目实施（建设、运营、移交）4 个阶段。

我国城市污水处理厂建设中的 BOT 模式的运作过程一般包括项目确定、项目招投标、特许经营协议的签订、建设、运营和移交等几个阶段。

（1）项目确定。政府根据城市污水专业规划、环境容量和总量控制要求，确定水污染控制目标，再根据水污染控制目标确定具体项目。如果从技术、经济、法律等方面进行可行性研究后确定采用 BOT 投资方式，可以开始进行公开招标。

（2）招标和投标。招投标一般分招标资格预审、投标、评标和决标 4 个阶段。在投标中，投标书一般包含以下内容：①项目建设标准及投资；②进度安排及工期；③收费标准及价格；④投资回报预测及投融资结构；⑤履约标准；⑥不可抗力事件的规定；⑦风险分析与分配。

在项目可行性研究的前提下，政府发布项目招标公告，对通过资格预审的独立投标人或投标联合体发售招标文件，独立投标人或投标联合体在规定时间内提供投标书，评标委员会从技术方案、融资方案、法律方案、污水处理价格和财务分析几个方面进行评估，在经过严格的评定程序后，政府从投标人中挑出合适人选。

（3）特许经营协议的签订。在发出中标通知书后，招标人与中标人就工程质量、经营期限、违约责任等进行进一步澄清和谈判，确认其投标书的承诺。中标人根据其投标书中的承诺期间内完成融资交割、项目公司注册，并且在设计文件经过批准后与招标人正式签订特许经营协议。

特许经营权是污水处理厂 BOT 运作的前提和基础。污水处理厂特许经营合同包括以下内容：特许权签约方的法定名称、住所；特许权内容、范围和期限；项目工程设计、建设施工、经营和维护标准；价格和收费的确定方法和标准；资产的管理制度；双方的权利、义务和责任；履约担保；经营权终止和变更；特许权届满，项目移交内容、标准和程序；违约责任、罚责与仲裁。

当地人民政府负责本行政区域特许经营权的授予工作，市政公用行业主管部门代表政府负责特许经营的具体管理工作，并行使授权方相关职责。

（4）项目实施。

☞ 建设：投资商在特许经营协议签订后，按照协议的规定组织进行设计、施工，通过规定的竣工验收并取得竣工验收报告。

☞ 运营：项目完工后，投资商全权负责该项目的经营管理，在此期间向项目使用者收取合理费用以获得投资收益，但同时应对项目设施进行必要的维护及保养。

☞ 移交：特许经营权期满后，投资商将项目完好无偿地移交给政府，并且无保留地转让各项技术，以保证项目转让后能够正常运行。

4.4.4　环境服务经营管理体制

4.4.4.1　城镇污水处理运营主体的 3 种产权形式①

污水处理服务企业对运营设施的产权关系有 3 种：无产权、有限产权和完全产权：

（1）无产权。运营服务企业不拥有所经营的水业资产，设施产权保留在政府，企业只提供系统服务，这种模式可以称为系统管理服务合同。政府不仅拥有已经存在的水业资产，而且负责设施建设的规划和投资，但是由企业负责实施，新建

① 傅涛：水业运营服务主业的六种存在形式．中国水网[EB/OL]．http：//news．h2o-china．com/html/policyandmarket/marketanalysis/473901147055100_1．shtml．2006．

设施的资产仍然属于政府所有。经营企业需要通过竞争获得合同，经营期限一般在 10 年以内，到了期限以后政府因为保留资产权又可以对经营者进行新的竞争选择，从而控制服务价格和服务质量。如果原来存在国有经营单位，那么新的市场经营者竞争获得经营权之后，需要接受原来的职工，然后接手原来的资产的使用权，但不拥有原来的资产。此模式还有一个重要特征，即竞争选择的经营者一定是专业的、有品牌的、有水平的公司，而且基本都是经营许多项目的专业服务公司。此模式一般来说非常适合政府具有一定的投资能力的城市，如果城市政府仍然希望在这种模式之下获得一定的变现收入，可以收取一定的特许经营费。

（2）有限产权。运营服务企业在经营期限内有限制地拥有所经营的城市水业资产，并且按照投资规划和年度计划负责经营期限内水业设施的投资建设。这种模式是典型的系统特许经营模式，适合于城市发展迅速，投资需求较大的城市水业改革。建设发展规划、年度投资计划由政府和企业共同确定，如果政府的规划建设目标大于企业市场测算的投资规划目标，政府给予投资补助。系统特许经营的项目在经营期限内企业将不断进行项目投资，投资之后的资产以成本形式提取折旧。经营期限完成后，已经完成折旧的资产和经营初期政府无偿移交给经营公司的资产要无偿交还政府；而对于经营期限已到但还没来得及完成折旧的资产，按照剩余资产的净现值（而不是市场价值）由政府或者新选择的特许经营公司进行回购。通过这种设定保持了政府的最终水业设施产权，称为有限产权的系统经营模式。系统特许经营的经营期限一般在 25～30 年（澳门项目为 25 年）。政府可以通过一定期限的准入管理对经营者进行系统而全面的比较选择，但是被选择的经营者必须是具有运营管理经验和品牌的专业投资运营企业。大量的实践证明，品牌公司的战略性进入是该模式得以成功的基本前提。该模式的代表是法国和中国澳门。

（3）完全产权。这种模式下的水业经营服务企业拥有了水业设施的完全产权来提供系统服务，这种模式的典型代表就是英国水业的“私有化”模式，实际上其产权结构中也多少有国有的痕迹，因此，称英国水业模式为“企业化”可能更加合适。英国水业服务的 10 大公司都是基于流域服务的上市公司，服务于其所在流域的若干城市。城市政府在英国水业体制之下几乎没有产权的发言权。因此，所谓英国模式之下的水务公司不再具有“市政”的行业特点，不仅资产权不在城市政府，经营监管也来自中央政府，水业管理已经从城市政府的职能中摘出。从这种意义上讲，英国的水业管理模式，更接近电信和电力行业的特点，经营服务企业具有完全的产权，而且没有经营年限的限制，中央政府对其的监管主要集中在竞争比较上。总结英国的经验可以看出，经营服务企业的完全产权形式至少需要两个基本的前提条件，①必须有允许水业设施社会持有的法律基础，在英国推进改革之前出台的法律，改变了水业市政设施的产业性质；②需要建立过程监管的绩效比较系统，因为拥有完全产权的水业服务企业已经没有经营期限的限制，不能设定准入竞争，因此必须强化过程竞争。

4.4.4.2　城镇污水处理运营的 6 种市场化模式

在城市水业单元服务的企业的 3 种产权状态下，产生了 6 种不同的市场化经营模式，即无产权的 DBO（设计—建设—运营）、委托管理；有限产权的 BOT、TOT；完全产权的 BOO、TOO。

（1）无产权经营模式。该模式是由政府进行投资并拥有水业设施，由社会企业进行建设和运营服务。通常有两种方式，①DBO（设计—建设—运营）的形式。DBO 形式适合于政府投资的新建污水处理厂，政府确定建设规划和投资来源之后，通过竞争机制选择一个统一的设计者、建设者和试运行者，澳门污水处理成功地采用了这种方式。澳门污水项目试运行期一般为 3 年，加上两年建设期，一共 5 年的合同。政府通过招标选择 DBO 的实施者，被选者需要具有丰富的技术能力、建设能力和运行能力，标的是建设的投资和运营的费用。投资和服务费均来源于政府财政收入（澳门污水处理不向公众收费）。②委托管理的形式。DBO 项目期限到了以后政府又招标选择经营服务企业，期限为 5 年，中标者需要具有丰富运行管理能力，标的是服务价格。以上两种形式都是标准的没有产权的单元服务，适合于具有一定财政能力的城市。其优点是显著的：由于企业不需承担投资责任，因此竞争产生的服务价格低；政府监管的核心在于准入环节的企业选择，不用进行过程的经济监管，因此监管十分简单。面对我国目前污水领域大量的国债投资，DBO 模式无疑是最佳选择；而对已经存在的大量污水处理厂则适应采用委托管理。

（2）有限产权模式。在单元服务的前提下，以有限产权的形式引入社会资产就是目前行业中最受关注的 BOT 和 TOT 的形式。在城市政府目前普遍缺乏资金的背景下，城市污水处理厂普遍走向了这种模式，而目前住建部发布的特许经营政策体系主要针对的也是这种模式。这里只强调一下BOT/TOT有3个基本特征：①项目公司在特许期内对项目资产的所有权不是完整意义上的所有权；②作为单元服务BOT/TOT需要政府来采购服务，政府与项目公司的服务关系由具有经济协议性质的特许经营协议来确定；③需要项目融资，项目融资是一种无追索权或者只有有限追索权的融资贷款，其核心是归还贷款的资金来自于项目本身。同样是有限产权的特许经营，以BOT为代表的单元服务与系统特许经营有区别，系统服务的特许经营是一个不断投资的过程，也就是一个不断折旧的过程，而BOT则基本上是一次性投资，所以结算比较清楚。共同点就是经营期满后资产移交政府。

（3）完全产权形式。也就是我国现在的BOO和TOO形式，这种模式下，服务企业具有某个单元的完全产权，因此，经营合同到期之后项目资产不是无偿交还政府。行业内认为，这种方式不仅没有法律基础，也不符合行业的特性和发展趋势，是一种不恰当的、过渡性的改革模式，需要政府和企业共同予以抵制。

4.4.4.3 世界银行推荐的合同模式

城市水务产业相关的理论和实践研究表明，通过选择合理的市场化模式，污水处理厂的管理和运营难题可以得到有效的解决。目前，污水处理运营市场化的主要模式可以分为六大类型，①服务合同，将现有污水处理厂的部分职能，如收费、客服等在一定时间内外包给私营企业，合同期3～5年；②管理合同，将现有污水处理厂的一部分或者全部运营交给私营企业，资本投资除外，合同期5～10年；③租赁合同，私营企业负责污水处理厂的全部运营和维护，资本投资除外，合同期5～15年；④狭义特许经营，在一段时间内，污水处理厂的一系列职能，包括资本投资，均转移给私营企业，长期合同；⑤空地特许经营（TOT等），私营企业负责建造、拥有并运营污水处理厂，合同期满后将其移交给公共部门，长期合同；⑥完全私有化，污水处理厂包括财产，出售给私营企业运营和管理，长期合同。随着私有化程度越高，对政府制度能力的要求也越高，包括完整的法律法规体系、有效的监管机制、强大的契约能力等。在世界银行为发展中国家指定的私营化模式选择工具中，认为“在水价过低、管理制度存在漏洞、缺乏私营化经验”等条件下，应当从②管理合同开始。

专栏 4-3　部分发达国家污水处理服务模式

发达国家对环境服务的提供和管理方式也经过上百年的变革，下文以污水处理服务为例，简述几个主要发达国家环境服务的管理模式：

（1）美国模式。美国污水处理厂的投资、管网建设、运营、维护都在市政部门，基本没有市场化运作，市政部门通过发行市政债券的方式融资，市政债券筹资占美国城市污水处理厂建设投资的 5%～16%，还有政府性基金——清洁水州立滚动基金（CWSRF）作为主要资金来源[①]；流域水质管理局负责监管污水处理是否达标排放，有权对违规处理厂直接罚款，甚至临时接管污水处理厂运营工作。

（2）日本、新加坡。其将城市供水排水作为政府的公共责任，由政府直接投资，并以政府直接领导的事业单位形式来运营并提供服务。这种模式下，政府负责投资，收费是象征性的或补贴性的。政府和运营单位之间是行业管理关系而不是市场监管关系，服务责任属于政府。

（3）英国模式[②]。英国是完全私有化的水务模式的代表，也是水业监管体制最为科学和完善的国家。英国水业发展有近 200 年的历史，最早是私人经营，到 20 世纪 60 年代，其水业产业结构跟中国现在的状况相似，公有制占主导地位，有 1 000 多个分散的水业主体。1973 年，进行产业化重组，1989 年进行了全面的私有化。由于市场准入竞争相对缺乏，政府强化了对成本的控制和管理，建立了成本绩效平台这一有效的成本管理体系，以及激励性水价管理体系。

（4）法国模式。法国通过私人公司在水业设施经营层面的引入，来提高运营和管理水平的市场化模式，保留了产权层面的最终公有。通过特许经营合同和租赁/管理合同，实现了政府与企业责任的合理分摊。特许经营合同结束后，自然过渡到了租赁/管理合同形式。以流域监管为核心建立了相对完善的水业管理体系。法国模式的特点是强化了准入监管，通过经营权的初始竞争控制成本；同时实现了水资源和水业设施的政府控制权。为强化准入监管，目前合同期限有进一步缩短的趋势。由于资产属于政府，企业投资责任小，担负的风险也小。政府监管成本也会较低，但另一方面政府的投资责任相对较大。法国水业模式之所以运营高效的另一个重要基础是其产业化水平，法国水业经营市场是由几大水业集团在竞争中分享，从而保障了竞争的层次和质量。[③]

（5）荷兰模式。荷兰是高福利的中小型发达国家，采取的是公有企业运营模式，其公有公司完全实现公司化运作，通过上市融资，同时通过市场对其财务进行监控。由于引进了完善绩效平台进行比较竞争和成本监管，效率和服务质量均保持在很好的水平上。荷兰的实践证明，即便是公有企业，如果以真正的政企分开为基础，完全企业化运作，在有力的民主监管体系下，也能够达到所预期的效率目标。

从以上几个代表性国家可以看出，提供环境服务的企业的产权性质并不重要，环境服务是政府的责任，政府对服务机构的资质、资金、成本、价格和服务质量监管是关键。

资料来源：

①陈青，常杪．市政债券与政府性基金在美国污水设施建设中的应用比较//环境公共财政实践与展望．中国环境科学出版社，2010.

②清华大学水业政策研究组．城市水业的认识误区与政府角色．中国水网，http://news.h2o-china.com/html/2003/11/230011069202340_1.shtml.

③中国水网城市水业的特许经营模式与监管．http://news.h2o-china.com/html/2005/04/364191113734400_1.shtml.

专栏4-4　美国污水处理厂运营模式

美国污水处理行业的运营模式经历了“公有—私有—私有与公有并驾齐驱—公有为主导”的发展历程。美国真正意义上的污水处理厂始建于19世纪80年代中期，开始就是与街道、排水管网一起由地方政府负责建设，因而大部分是公有的。20世纪初期，州政府由于财力有限，联邦政府的补助很少，为解决污水处理服务供给问题，地方政府采取与私营公司签订长期合同的方式，由私人企业负责建设和运营污水处理基础设施。然而私营机构追逐利润的倾向没有得到有效制约，偏远地区设施缺乏、服务价格高、质量差等一系列问题暴露出来。到了20世纪70年代联邦政府投入大量资金用于建设污水处理厂，该时期是新厂建设和旧厂改、扩建的高峰期。

1987年，美国开始实施《清洁水法》，该法律授权联邦政府为各州设立一个滚动基金来资助它们实施污水处理以及相关的环保项目。滚动基金是联邦政府最大的污水处理资助项目。在滚动基金中，资金来自联邦政府、州政府（每个公共污水处理厂贷款建设项目，当地州政府需提供 20%的匹配资金）、债券发行、贷款的偿还和利润等。截至 2004 年，美国国会已拨款 237 亿美元给滚动基金，滚动基金共为公共污水处理项目提供了 479 亿美元的贷款。公有污水处理厂有稳定的建设资金来源，又由于私有企业经营管理不善，成本过高，财政补贴过高，难以达到国家规定的水质标准和公共服务要求等问题，美国政府在研究其水行业市场化的特点后，又转变为公有运营为主导。

目前美国的污水处理厂运营模式分为以下 3 种：

（1）公有公营。美国污水处理厂多采用这种形式，95%的污水处理服务由公有企业提供，其主要原因是，公有部门对污水处理厂的管制严格，污水处理厂的利润水平在美国并不是很高，私人企业获利机会小，因而进入该行业的刺激有限。另外，污水处理厂的投资成本太大，私人企业一般无法承担巨额投资费用，而只能由公有部门来进行投资。此外，为降低运营成本，私人企业运行时会按最低排水标准来处理污水，公有部门为维护公共利益通常会承担起经营责任。

（2）公有私营。这些污水处理厂由公有部门建造，委托给私人企业经营并受到公有部门的监督。采用这种形式的污水处理厂为追求利润最大化，通常会有扩大资本投资或压缩运行和维修成本的动机，来增加盈利。

（3）私有私营。在美国，供水公司主要以这种形式经营，污水处理厂很少采用这种形式。污水处理厂私有化目前在美国不常见，主要是由于公有部门在最近十几年以来一直在不断提高效率，因此私有化的运营效率优势并不显著。公有部门提高效率的途径主要包括适当进行裁员，给职工提供培训项目，采取措施提高企业职工的素质，提高企业自动化程度，不断采用新技术等。

资料来源：熊英，吴健，俞东芳. 美国污水处理行业运营管理经验//中国水污染控制战略与政策创新. 北京：中国环境科学出版社，2012.

4.5　实现政府采购环境服务还需要哪些重点政策突破

党的十八大提出了“政府向社会购买公共服务”，可以理解为：公共服务原来是由政府直接提供，现在变成由政府出资购买，依靠社会力量来提供公共服务。就环境服务来说，这里面涉及哪些环境服务应该政府出资、购买价格如何确定以及政府和企业之间的法律责任等几个重要问题。我国的市政服务的市场化改革已经进行了30多年，实践经验已经很丰富。最近几年各种文件、讲话中提到的“合同服务”也好，“第三方服务”也好，“政府和社会资本合作”也好，其实质内容与市场化改革异曲同工。如果不理顺治理主体和资金来源、市场和定价、行政和法律责任等问题，这一改革的路仍然很漫长。

4.5.1 问题分析

（1）“到底哪些环境服务是公共环境服务？”我们通常认为市政服务就属于公共服务，如处理居民生活污水、垃圾、清扫街道；那么江河湖泊的污染、地下水等治理呢？这些似乎应该都算是公共服务，是不是都应该政府购买？理论上，生产过程产生污染治理应当是生产企业付费，可是造成目前环境污染的很多主体是无法有明确的证据追溯其法律责任的企业，或者即使能够追溯、企业也没有足够的赔偿和治理能力。所以，政府的公共环境服务中最大的负担就是所有历史污染治理责任，包括已停产、搬迁的企业和前几届执政者遗留的环境治理责任。从我国的环境质量现状不难想象，要解决这些环境问题的服务市场有多大规模、科研技术需求有多大，而购买这些公共服务的资金需求又有多大。购买这些服务的资金从哪里来呢？

（2）既然是购买，就存在如何定价的问题，应该是市场定价还是政府定价？如果是市场定价，则价格应该随着供需、成本、质量等因素有所浮动，但是“提高水价能否为广大居民接受”？这个问题经常被提出，并被提高到影响低收入家庭生活水平和社会稳定的政治高度来考虑，这就很难实现市场定价。2006年曾经有一个影响较大的“兰州水价”案件，法国威立雅集团以近3倍于净资产的竞标价格中标，收购了兰州供水集团30年的45%的股权和污水处理特许经营权，其后几年兰州水价5次调高，引起了社会广泛争议，认为企业绑架政府，或者与政府合谋抬高水价。其中的孰是孰非暂且不论，这里要说的是企业与政府签订的合同能否有效执行的问题，如果政府不能如约履行，企业的利益如何能得到维护？几例外资企业在我国诉政府的公案都没胜诉，让未来的企业如何有信心与政府签订长期的服务合同？

如果是政府定价，按照我们现在执行的、对市政污水垃圾处理企业实行的价格监审制度，有 1 项规定值得商榷，那就是从事市政服务的企业只能维持“保本微利”，“微利”是指利润率不超过 6%，这个利润率不足以偿还商业贷款利息，而保的“本”的计算又是按照不完全成本法核算，即不允许有利润、融资成本和固定资产折旧计提等，财政每年给予的补贴仅能满足污水或垃圾处理设施的运营费用和人员基本工资，结果解决更多人就业成为了政策的目标。而对企业来说，虽然市政服务企业有稳定的、长期的服务合同和财政补贴作保证，但是企业没有资金积累，对企业自身的发展有很大限制。政府即使想要向社会购买，可以选择的供应商也十分有限，除非再承诺供应商其他优惠，如捆绑房地产、旅游等项目，否则很难达成协议。没有利润的服务只能由政府自己提供，无法实现“向社会购买”。

（3）政府购买环境服务的首要政策目标是什么？通常“政府采购”政策目标之首是“提高财政资金的使用效率”，甚至一些财政紧张的地方将第三方服务视为一种充分利用社会资金，减少政府财政负担的方式；而环境服务的首要政策目标则是“最大可能地提升环境质量”。质优、价廉这两个指标之间本身就存在一定的矛盾。我们拥有如此巨大的环境治理需求，却没有培养出华为那样的环保企业巨头，很大原因是环境的价值没有得到正确的体现，治理市场的潜力还远远没有释放出来。

（4）如果政府购买了环境服务，而环境质量并没有得到改善，那么哪些责任是由政府和企业共担，哪些仍然在政府？在污水处理特许经营的实践历程中，有很多经验和教训；也有很多文章从法律的角度论证了政府、社会和企业扮演的角色；最新颁布的《环境保护法》明确了县级以上政府对环境质量的责任，重点是购买服务不能成为地方政府推卸环境治理责任的手段。

4.5.2　政策建议

上述问题并不能一蹴而就得到解决，在此仅综合笔者的理解和行业专家的初步建议：

（1）划分政府提供的公共服务界限。严格划分公共服务的界限十分困难，建议从以下几个方面考虑划分的方式：①考虑地方的财政力量差异很大，各地方划分的公共服务界限可能有所不同，很难完全均等地提供公共服务，保证该服务能够持续有效地提供；②多还旧账，对无人认领的历史累计问题予以优先考虑；③经济有效性，对于新产生的问题要对提供该服务的成本进行核算，选择交易成本最低的方式，适合政府提供的才由政府承担。

（2）明确市政设施的公共服务责任定位，加强政府财政投资。市政公用事业的市场化改革的实质是政府、企业与其他利益相关者之间进行角色重新定位、责任重新划分的过程。

市政公用事业特许经营是在不改变直接责任主体的基础上而引入市场机制的一种方式，其核心是把政府的具体服务任务向企业转移，改变了原来由政府直接提供服务的形式，而通过特许经营的方式让企业来帮助政府进行具体服务，实现城市政府责任主体与特许经营企业具体服务实施主体的分离。实施了特许经营管理之后的城市政府仍然承担着服务责任。在特许经营形式下，政府是通过经济协议的形式请专业服务企业来帮助政府提供更高质量的高效服务，其核心思想是把服务任务以合法的形式转移给企业，这种特许经营方式并没有改变市政公用事业的根本特点。

（3）完成特许经营立法，界定各方责任。在特许经营法律框架之下，界定政府、公众和企业之间的责任。城市政府应该尽能力参与设施投资，并最终收回和拥有市政服务设施资产。上级政府通过转移支付，分摊地方政府的一部分投资责任。如果地方投资能力不足，可以将部分投资任务转移企业，并让企业拥有一定时期的有限产权，当地政府保留经营期后的资产所有权。即便是企业投资的资产，在折旧后，仍然属于政府。政府根据准入竞争，辅以必要的过程竞争，确定服务价格。政府在企业服务不能覆盖的领域担负全责，同时担负提供均等化服务的责任，保障辖区所有人获得服务。企业是经营服务的主体，根据服务的质量获得一定的服务收益，接受政府的监管。使用者支付服务成本，可参与建设投资，享有服务知情权。

（4）倡导和要求产权主体与经营主体的分离，促进专业化服务。如果没有产权主体和经营主体的分离，专业投资运营公司就必须通过获得产权才能获得服务资格，大大提高了企业进入服务市场的门槛。产权主体与经营主体分离，将资产留在政府，将经营服务放到市场，有利于城市水业市场的规范化、品牌化，专业运营公司、专业服务公司、专业投资公司就可以在经营层面进行有效的规模化发展。

有效实施产权主体与经营主体的分离有一个基本条件，就是国资委需要出台一个市政设施资产存在于城市政府的明确形式和要求，这种资产存在将区别于一般竞争性资产，是没有资产回报（或者不充分市场回报）的沉淀性资产，城市政府要继续承担一定的投资责任。

（5）改革价格形成机制和收费机制，重点补贴运营机制。逐步建立科学合理的水价形成机制，完善市政基础设施有偿使用制度。建立绩效评价平台，逐渐实现以行业平均成本定价模式，促进行业提高效率。全面推行污水、垃圾处理收费制度，提高政府环境服务的采购能力。实施价格管理与服务监管的联动，高质高价。

建议在国家层面建立基于市政设施运营效果的政府财政补贴机制，即对市政设施运营环节给予专项财政补贴，这样可以有效提高设施运营者积极性，并能够保证设施正常运营，切实实现公共服务和减排目标，改善和提高服务质量。同时，建议将有限的国债资金集中投向污水处理管网、农村环境设施等市场机制不能覆盖的领域，与市场资金形成有机的补充。

（6）健全外部扶植政策。在特许经营体系中，市政公用服务项目仍然是公用事业的性质，且属于政府购买服务的产业性质，需要财税政策的支持。建议将目前集中在设备制造环节和污染产生环节的税收优惠政策向运营服务环节转移，设施运营企业的营业税、土地使用税、房产税、所得税等建议进行明确而适当的减免或免收，同时适当降低市政设施的土地和用电价格。这些减免可以降低政府的服务费支付压力，控制服务价格，同时可以鼓励专业服务公司向品牌化、规模化发展，提高产业化水平。[①②]

① 刘正军. 关于加快综合环境服务业发展的建议[C]. 2013 水业战略论坛，2013，4.

② 傅涛. 市政公用事业改革的思考与建议[EB/OL]. 中国水网，http：//news. h2o-china. com.

专栏 4-5　我国自来水价格及定价机制

以北京为例：北京市水价由北京市发展和改革委员会制定，根据每两年一次对水厂进行的成本监审结果调整。目前分居民生活用水、非居民生活用水和农业用水分三类：居民用水为单一制，由三部分构成，其中污水费占 26%：

（水价 4 元/t=水资源费 1.26 元/t+自来水工程 1.7 元/t+污水费 1.04 元/t

100%=水资源费 31.5%+自来水工程 42.5%+污水费 26%）。按用水量逐级递增的阶梯式价格制度正在研究探讨之中。非居民用水分一般工业企业、行政单位和特殊行业，吨水费用分别为 6.21 元、5.8 元到几十元不等（如洗浴中心 81.68 元）。

定价依据主要有：1998 年国家计委、建设部关于印发《城市供水价格管理办法》的通知、2005 年《水利工程供水价格管理办法》、2011 年《北京市节约用水办法》。

资料来源：北京市水利规划设计研究院。

专栏 4-6　水价政策评估

从水价改革走向来看，国家发展和改革委员会在制定水价改革的相关全国性指导意见，水资源改革已经在实际操作层面开始布局；另外，近 20 个省市相继启动水价调整政策程序。据中国水网不完全统计，2012 年 2 月开始，国内多个城市公布或准备听证水价上涨方案，长沙、武汉、天津先后上调城市供水价格，上调幅度在 0.18～0.8 元，水价平均上涨幅度达到了 30%。统计数据显示，截至 2012 年年底，全国 36 个大中城市的城市居民生活用水价格平均为 2.94 元/t。其中 58%的城市水价在 2～3 元/t，33%的城市水价高于 3 元/t。如长沙居民用水价格从 1.88 元/t 上调至 2.58 元/t。一些地方也在积极推进阶梯水价。广西柳州居民生活用水实行 3 个梯次水价，西安居民生活用水开始实施阶梯收费，重庆正计划推进居民用水阶梯价格制度。截止到 2012 年 11 月，全国 36 个重点城市平污水处理费平均收费标准为 0.79 元/t，低于 2007 年国务院《关于印发节能减排综合性工作方案的通知》规定的“污水处理费吨水原则上不低于 0.8 元”的要求。国家发展和改革委员会认为城市水价偏低、水价结构不合理、政府和市场责任划分不清等因素，已严重影响城市水价的改革进程，认为水价改革必须坚持三大基本取向。①坚持基本供水服务的公益性、基础性；②坚持市场机制在水价形成中的作用不动摇；③坚持加强水价改革的系统设计，突出重点，明确城市水价改革的优先序。

表 4-3　2002—2011 年部分城市水价

城市	2002 年	2003 年	2004 年	2005 年	2006 年	2007 年	2008 年	2009 年	2010 年	2011 年
北京	2.30	3.50	3.57	3.70	3.70	3.70	3.70	3.725	4.00	4.00
上海	1.58	1.73	1.83	1.93	1.93	1.93	1.93	2.035	2.25	2.93
天津	2.23	2.60	2.88	2.94	3.40	3.40	3.40	3.775	3.98	4.70
重庆	2.42	2.42	2.44	2.66	2.73	2.80	2.80	2.80	3.70	3.70
广州	0.90	0.90	0.90	0.90	1.32	1.95	1.95	2.085	2.22	2.22
南京	1.45	1.64	1.90	2.10	2.30	2.14	2.00	2.575	2.80	2.80
武汉	1.51	1.51	1.51	1.51	1.77	1.90	1.90	1.90	1.90	1.90
呼和浩特	1.35	1.73	1.85	1.94	2.40	2.40	2.43	2.63	3.00	3.00
太原	1.73	1.73	2.45	2.45	2.35	2.35	2.49	2.90	2.90	2.90
杭州	1.55	1.62	1.65	1.85	1.85	1.85	1.85	1.85	1.85	1.85
长沙	1.22	1.22	1.34	1.42	1.42	1.79	1.86	1.86	1.86	1.86
兰州	0.80	0.90	1.10	1.75	1.75	1.80	1.80	2.04	2.25	2.25
石家庄	1.48	2.00	2.00	2.00	2.00	2.60	2.88	3.30	3.30	3.30

表 4-4　各国绝对、相对水价和人均水资源

国家	水价/（美元/m^3）	年用水支出占收入比/%	人均水资源/m^3
丹麦	2.25	0.28	1 099
德国	2.25	0.40	1 301
英国	1.90	0.31	2 377
比利时	1.72	0.29	1 129
法国	1.58	0.27	2 893
荷兰	1.49	0.23	672
意大利	1.15	0.23	3 074
芬兰	1.03	0.17	20 232
澳大利亚	1.01	0.18	23 412
西班牙	0.93	0.21	2 478
南非	0.92	1.07	936
瑞典	0.86	0.13	18 692
加拿大	0.79	0.13	86 426
美国	0.66	0.09	9 283
中国	0.55	1.94	2 133

数据来源：2005—2006 年 International Water Report & Cost Survey，国家统计局。

注：我国的水价采用“四元”水价体系、由五类水价组成。主要包括水资源费、水利工程供水价格、城市供水价格以及污水处理费四部分。城市供水实行分类水价，根据使用性质可分为居民生活用水、工业用水、行政事业用水、经营服务用水，特种用水。

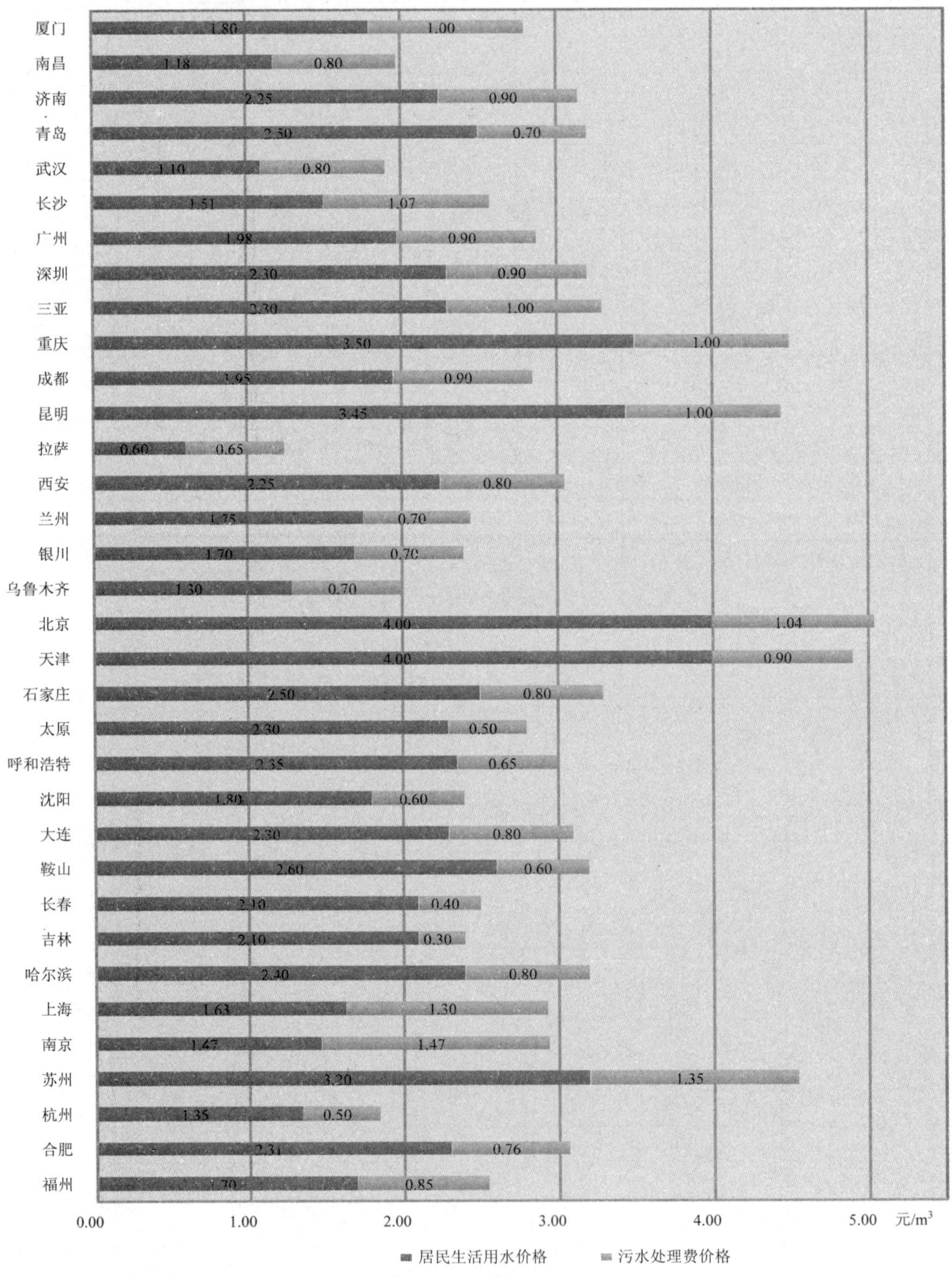

图 4-2　城市居民生活用水价格和污水处理收费价格（2012 年）

4.6　小结与展望

从已经发布的政策信号来看，一些推动环境服务市场化改革和产业发展的政策已经在研究制定和逐步完善当中，包括促进环境服务业发展的金融、税费等优惠政策、对污水和水资源相关的收费力度进一步加大、加大污水治理的财政投资力度，等等。但是面对 GAP 之后的环境，一些政策和活动必须提早进行，如何将资金、技术和研发和企业活力引导到环境治理最需要和最困难的地方，是环境部门应该关注的重点。

第 5 章　我国的污水服务企业竞争力分析

我国污水处理行业尚处在“群雄逐鹿”的发展状态，最大的企业市场占有率也不过 3%；污水处理服务企业半数来自市政部门转制，其他还有一些从事道桥、房产和投资大公司通过并购小环保企业拓展业务，污水处理仅为其兼业。本章对企业竞争力的分析结果为：在我国国内市场上，国有企业和外资企业竞争力基本相当①，但是在国际市场上，国有企业与发达国家企业的竞争力之间差距很大，再加上对国际规则、标准、语言的适应成本高，进入发达国家市场很难；民营企业目前在国内、国外两个市场上都不占优势②③，与跨国公司竞争力差距主要体现在资本运作、管理水平等软实力上。我国目前有大约 40%的城镇污水处理项目采用市场化方式运营，其中外资企业占 10%左右。

5.1　哪种所有制企业占开放市场的主导地位

如图 5-1、图 5-2 所示，在所有的 BOT 污水处理厂运营主体中有限责任公司占绝对多数，达到 40.3%；而私营企业及国有企业，所占比例分别为 15.59%及 14.07%；外商投资企业所占比例为 11.98%。从图 5-2 的数据来看，目前运营的 TOT 污水处理厂运营主体以有限责任公司和外商投资企业为主，所占比例分别 29.55%及 25%；私营企业占 13.64%。从上分析来看，外商投资企业对污水处理项目的投资更青睐 TOT 模式。

---

① 依据污水处理行业专家和企业主管判断。

② 李娜，尹彦，葛察忠. 以标准为切入点提高环境服务治理和管理减排效能. 标准科学，2012，12：77-80.

③ 李娜，葛察忠. 中国污水处理服务企业竞争力比较研究. 生态经济，2013，12：103-106.

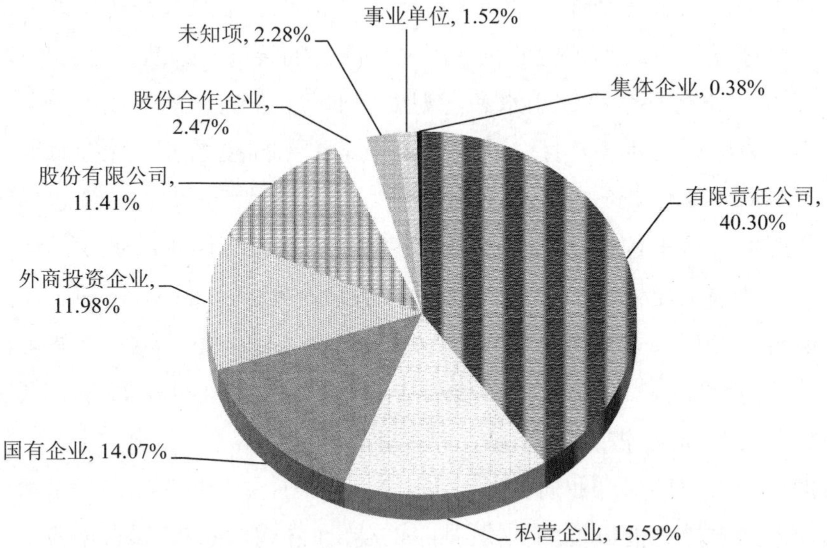

数据来源：清华大学环保产业研究所，2011。

注：图中未知项为数据缺失项。

图 5-1　运营 BOT 项目运营单位类型分布图

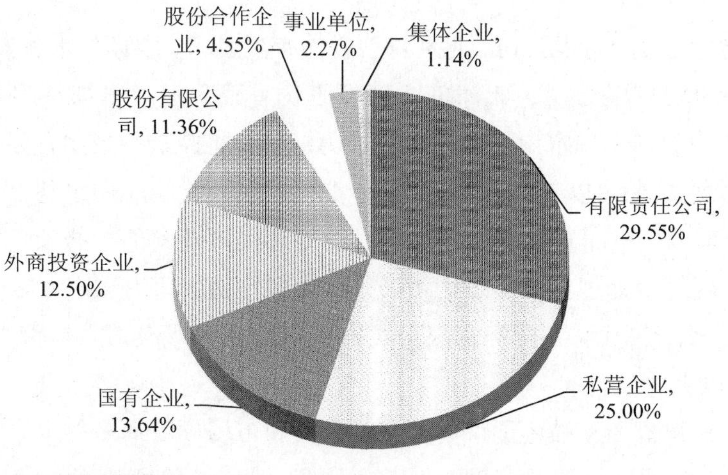

数据来源：清华大学环保产业研究所，2011。

图 5-2　运营 TOT 项目运营单位类型分布图

在我国境内的水务企业类型包括：①以法国威立雅水务公司为代表的跨国水务集团在全球提供市政和工业的供、排水一体化的设计、建造、运营和设备服务。（苏伊士）中法水务还包括饮用水和污泥处理业务，但是更青睐供水项目。②以首创股份为代表的国有水务集团，也延长产业链进入固废处理，北控水务涉足污泥处理处置和海水淡化业务。③以桑德集团为代表的民营企业也同样包括供、排水一体化的服务，从工程设计、建造、设备制造、安装到污水处理厂的运营管理。并延伸产业链到垃圾处置和工业固体废弃物处理、清洁能源及资源回收综合利用。

目前全国 3 000 多座污水处理厂运营分散在上千个不同运营主体中，多数由当地企业分散经营，市场最多的股份公司创业环保 39 座，占 1.4%；其次是民营企业桑德公司 36 座，占 1.3%，威立雅 8 座，仅占 3‰。

根据清华大学环保产业研究所数据，2010 年主要水务企业供、排水市场化项目日处理总能力排名前五位的依次是：威立雅（法国，外资）、首创股份（国企）、北控水务（国企）、中法水务（法国苏伊士旗下，外资）、深圳水务（国企）；新增业绩排名前五位的依次是：北控水务（国企）、首创股份（国企）、中环水务（央企）、中国水务投资（国企）、创业环保（国企）；桑德集团作为唯一一家列入前 10 位的民营企业，这两项排名都在第 7 位左右，民营企业国祯环保列在第 20 位左右。

北控水务集团有限公司、北京首创股份有限公司、中环保水务投资有限公司、中国水务投资有限公司、天津创业环保股份有限公司基本都是国有企业。按照 2010 年年内新增供排水市场化项目总能力统计，北控水务集团有限公司位列第一（贵阳市供水总公司以 7.21 亿元价格将 45%股权转让给北控水务，我国最大地下式污水处理厂——布吉污水处理厂项目的签订，以及其他一些项目签约，使得北控水务年内新增处理能力 259 万 t/d）。而北京首创股份有限公司、中环保水务投资有限公司、中国水务投资有限公司，其供排水市场化项目，新增能力也均在 50 万 t/d 以上。

表 5-1 和图 5-3 描述了市场占有率最高和市场项目最多的十大企业情况，从全国各省市的项目分布，可以看出桑德环保、北京首创、天津创业、北控水务、威立雅、西部水务在许多省份发展良好。

表 5-1　2010 年重点企业在各省（自治区、直辖市）污水处理市场分布情况

企业名称	BOT、TOT 市政排水项目数量/项	项目所在省份
北京桑德环保集团有限公司	30	广西 1、福建 1、北京 1、内蒙古 2、河南 1、陕西 6、湖北 16、湖南 1、山东 1
北控水务集团有限公司	18	四川 5、黑龙江 1、湖南 2、广东 6、山东 4
北京首创股份有限公司	17	山西 1、内蒙古 1、天津 1、北京 1、河南 2、浙江 1、安徽 1、河北 1、湖南 6、广东 1、山东 1
天津创业环保集团股份有限公司	14	天津 2、河北 1、贵州 1、云南 1、浙江 1、陕西 1、安徽 2、湖北 3、江苏 1、山东 1
光大国际	9	山东 9
西部水务	8	福建 1、贵州 1、云南 4、浙江 1、江苏 1
威立雅水务集团	6	北京 2、河北 1、山东 1、四川 1、陕西 1
中国水务投资有限公司	2	河北 1、湖北 1
中环保水务投资有限公司	3	黑龙江 1、浙江 1、广东 1
苏伊士	1	重庆 1

数据来源：清华大学环保产业研究所，2011。

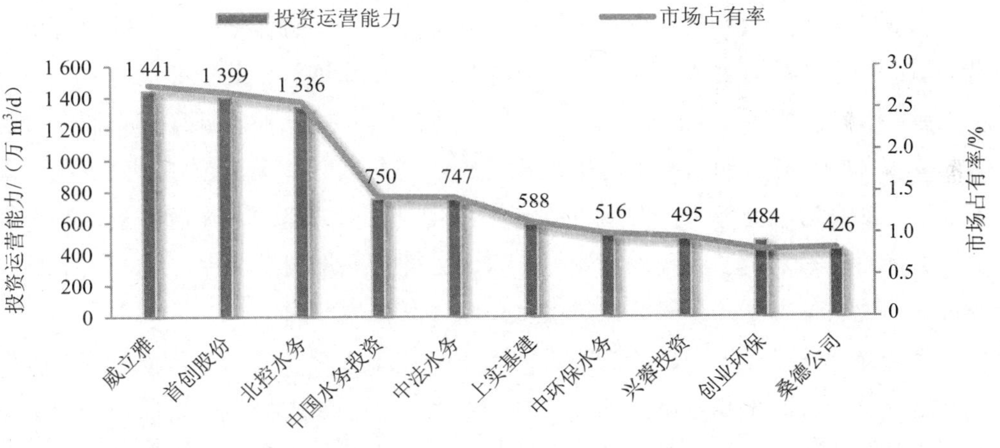

资料来源：中国水网。

图 5-3　2012 年水务市场竞争状况

5.2 我国环保企业在国内外市场竞争力强吗

近10年来污水处理服务的前十大企业的排名有很大变化，大型国资企业迅速成为行业翘楚，外资企业改变经营策略，而能够凭借技术和对市场准确把握，并继续保持优势的民营企业寥寥无几。这一市场态势与我国加快公共事业市场化的大政方针并不完全一致。

5.2.1 污水处理服务企业竞争策略和态势分析

2008年金融危机之后，受国家4万亿元投资政策刺激，污水处理市场竞争格局发生了很大变化：威立雅等外资企业的重心从市政污水处理向技术难度更高的工业污水处理方向转移；国有企业凭借资金和与政府良好关系的优势，仍然保持着相对竞争优势和市场规模，在设备制造、外包采购和平台管理中占据主导；同时，北京首创股份有限公司和北控水务集团有限公司等国有企业通过并购中、小污水企业迅速扩大市场规模；在并购的资本大军中，还有其他行业企业，金融危机之后，很多传统行业市场萎缩，有些传统行业，如钢铁企业也通过并购进入环保领域、拓展自身的业务板块；另一个现象是2015年中国对海外环保企业的收购风潮令人瞩目，目的是获得对方的专利技术和切入国际市场。这些现象表明，国家政策、法令对环境要求的强制性提高、公众对环境质量的关注度升级，都拉高了环保行业对未来市场的预期。预期未来水处理行业将会继续保持10%～15%的增长，环境服务方面市场机会仍然很多。具体分析如下：

（1）外资企业增加了新的竞争者，老牌企业改变竞争策略。除了两大老牌的外资企业——威立雅和苏伊士外，外资企业增加了新的成员——新加坡科胜集团与江苏启东吕四港经济开发区合资水处理项目，加上之前收购的4座风电厂，其在华业务也拓展到11个省区的18个城市。瑞典洛克比水务旗下普拉克环保也在山东、海南签署了有机垃圾处理项目。威立雅环境集团宣布调整其战略计划，称将着力扩展新兴市场业务，加强与工业客户的合作。

（2）国有企业并购依然如火如荼。据中国水网不完全统计，2013年全国环保行业并购案例 45 例，总金额 216 亿元；2014 年并购案例 88 例，总金额 225 亿元；2015 年并购案例 136 例，总金额 400 亿元。

- ☞ 北京首创股份有限公司、北控水务集团有限公司等仍然是我国水务的实力最强的国企：2012 年，首创股份收购了山东东明污水处理厂、张家界仁和科技环保有限公司全部股权、包头市申银水务有限公司 60%股权、包头市黄河水源供水有限公司和黄河城市治水有限公司 80%的股权，2014 年首创股份出资 1.02 亿元收购山东临沂港华水务有限公司 51%股权、山东梁山海源水务有限公司 100%股权，2015 年收购了新西兰 TPI 和新加坡 Bonland Pte Ltd 公司；北控也在 2013 年收购 78 个水务项目（包括供水和污水处理），总计 370 万 t 运营规模，其中供水 106 万 t，污水处理 264 万 t，覆盖山东、江苏、浙江、广东、福建、北京、河北、山西等地，在国外以近亿欧元拿下威立雅位于葡萄牙的水处理商；2014 年北控水务收购了南京市市政设计研究院有限责任公司 100%的股权。
- ☞ 2015 年水行业海外收购的案例有：上海巴安水务通过全资孙公司瑞典巴安有限公司与奥地利 KWI Corporate Verwaltungs GmbH 公司签署权益受让协议，拟出资 3 882 万欧元收购后者 100%股权。通过此次收购，巴安水务可以完善公司净水和污水处理设备以及工业废水处理产业链，也促进了公司的国际化战略发展。天翔环境（天保重装）4.7 亿元收购美国圣骑士公司 80%股权、圣骑士房地产公司 100%股权，将接收美国圣骑士公司拥有的污水污泥处理处置方面的全套先进技术。国祯环保为抢占中、小型乡镇污水处理市场、延伸膜处理技术产业链，以约人民币 3 472.9 万元协议收购挪威 Goodtech Environment AS 公司 100%股权，通过此次股权收购，公司可快速进入欧洲市场，扩大市场范围。国中水务收购瑞典的 Josab 公司和丹麦 BioKube 公司，布局乡镇供排水市场，与丹麦正渗透膜公司 Aquaporin 签订谅解备忘录，引进正渗透膜技术。
- ☞ 此外，2015 年还有 41 家非环保领域企业通过并购进入环保行业，其中水环境治理领域有 15 家（表 5-2）。跨界收购的项目，如湘鄂情转型收购中昱环保；主业为风机制造的上风高科 17 亿元收购宇星科技，1 亿元收购深圳市绿色东方环保有限公司 51%股权。钢铁行业，南钢股份拟投资

5 亿元设立全资子公司江苏金石节能环保投资控股有限公司，该子公司以 1 445.9 万欧元（约合 10 293 万元）收购了 Fidelidade 公司子公司 FID II（HK）100%股权，杭钢股份也以置换股权的方式纳入 3 家环保公司。园林企业，东方园林以 30 亿元收购 5 家环保公司，普邦园林用 4.42 亿元收购四川深蓝环保科技有限公司等。

表 5-2　2015 年并购企业和领域细分

项目	环保企业/个	非环保企业/个
大气	3	3
水	36	15
固废	31	14
环境监测	11	1
节能减排	4	4
环评和咨询	0	1
环境综合服务	2	2
土壤	1	0
其他	6	1
合计	95	41

（3）民营企业在夹缝中拓展专业化的细分市场。发展较好的民营企业有的市值已经超过国有企业。在我国的资本市场上，创业板、中小板、环保板中上市的企业绝大多数是民营企业。其中，碧水源通过与其他公司战略合作来拓展自身产业链条，包括与山东滨州海孚公司合作拓展城市污水与工业废水项目，与北京市排水集团合作，向全国范围内的再生水厂提供膜技术服务，在北京市承接农村污水处理项目；2015 年碧水源中标天津、河南汝州、山东菏泽等国家级湿地公园建设、城市河道治理等 PPP 项目。

较成熟的民营企业对国、内外的市场开发有较详细的规划和有效的商业模式，对进军国际市场有一定的经验和内在驱动力。桑德公司自从 2006 年起进入新加坡资本市场，之后对国际资本市场的金融产品有了更多了解，同时也利用这个平台，为桑德进入国际市场打下较好的基础。目前桑德公司将海外市场的重点区域，包括印度、沙特阿拉伯、印度尼西亚、菲律宾、孟加拉国、斯里兰卡等已经具有一定条件的市场，提出“国际项目向优质市场集中”的口号；在国内市场桑德对煤化工废水处理技术、焦化废水等工业废水深度处理技术和垃圾渗滤液处理三项作为核心技术；在市场经营策略和商业模式创新方面，桑德公司也提出了县级灵活分散布局的“桑德 SMART 小城镇污水处理系统解决方案”，并在长沙、江苏姜堰市有成功的案例，其他 PPP/BOT/BT/OM 等灵活的商业合作模式组合案例达到 30 多个乡镇。

（4）单纯的市场规模扩大不等同企业升级。我国企业管理者冷静地认识到：一流的企业首先有自身的文化，次之有核心技术，再次才是规模扩张。与跨国企业相比，我国企业在文化和价值观认同、企业管理水平、资金运作能力、国际经营人才培养和研发创新方面存在巨大的差距，并且很难在短时间内弥补，尤其是在经历了几年的大规模重组、并购之后，大型国企和央企都需要认真解决“如何管理好已收购企业”，以及降低收购带来的资金负债率过高的风险等难题。

5.2.2 污水处理服务重点企业市场

近 10 年来，在我国市场上处理能力排名前 10 位的领军企业除了法国的威立雅和苏伊士专业从事水务的有百年历史的跨国公司外，多数为国有控股企业，企业多为原市政基础设施建设和公用事业机构，主营业务除了污水处理外，还有一些机场、道桥、自来水厂、燃气等基础设施和能源等方面的项目，具有政府背景和雄厚的资本，近几年，通过收购其他中、小企业的项目和股权，迅速扩大市场份额，如北控水务，2006 年以前未进入十强，2007 年后迅速上升成为前三甲。此外，还有几家具有相似背景的国企，如国电集团、中铁一局、中冶华天等近年来也拓展了水务方面的业务；前十名中，仅有一家硕果仅存的民营企业——桑德公司是多年来一直从事污水、垃圾处理业务，仍然保持较高的活力和对市场的适应性，并且对拓展海外市场雄心勃勃。

表 5-3　水务行业前十大企业的背景和发展状况

企业名称	市场占有率/%	属性	主要业务和资产规模	行业协会十年影响力排名*										
				总排名	2014	2013	2012	2011	2010	2009	2008	2007	2006	2005
威立雅水务集团	2.77	法国跨国公司	年营业收入 121 亿欧元	5	9	9	6	7	8	5	6	1	2	1
北京首创股份有限公司	2.69	国有控股上市公司（母公司——北京市国资委所属首创集团）	城市基础设施投资运营和管理、城市供水和污水/2000 年上海上市/总资产 159 亿元	2	2	2	2	2	2	1	1	5	3	2
北控水务集团有限公司	2.57	国有控股上市公司[母公司——北京控股集团有限公司是北京市对京泰（实业）集团有限公司、北京控股有限公司和北京市燃气集团有限责任公司进行联合重组而成立的国有独资公司，燃气和基础设施为核心业务综合性公用事业]	综合水务系统解决方案提供商——投资、经营、管理、资本运营全产业链/1997 年香港上市	1	1	1	1	1	1	2	3	—	—	—
中国水务投资有限公司	1.44	水利部核心股东	原水、调水和供排水、淡化等水业/总资产 130 亿元	4	7	5	3	3	3	7	4	7	—	—
中法水务投资有限公司	1.43	母公司——苏伊士环能和苏伊士环境	饮用水、供水、污水和污泥/苏伊士环境年营业收入 139 亿欧元	6	5	7	5	5	7	4	10	6	1	4

企业名称	市场占有率/%	属性	主要业务和资产规模	行业协会十年影响力排名*										
				总排名	2014	2013	2012	2011	2010	2009	2008	2007	2006	2005
上实基建	1.13	母公司——上海实业控股有限公司	上实控股以基础设施投资、医疗卫生投资、房地产酒店业投资，涵盖现代物流、消费品、零售、汽车零部件、信息技术及医药科技组成的五大业务板块为主要业务方向的公司	8	—	8	9	—	—	—	—	—	—	—
中环保水务投资有限公司	0.99	中国节能环保集团和上海实业控股/2003 年成立	工程、设备、运营、技术开发和咨询/总资产 53 亿元	7	6	3	7	5	3	6	8	10	6	5
兴蓉投资	0.95	前身是成都市排水有限责任公司 1998 年	公共事业市场化改革/市政污水和基础设施/2010 上市/总资产 26 亿元	9	—	—	8	9	—	—	—	—	—	—
天津创业环保集团股份有限公司	0.80	2000 年天津渤海化工集团资产重组	污水处理/沪港上市/营业收入 12 亿元	10	10	10	10	10	8	9	7	4	8	10
北京桑德环保集团有限公司	0.82	民营/1993 年成立	香港和新加坡上市/市政和工业给排水、污水和固废处理、清洁能源/总资产 80 亿元	3	3	4	4	4	6	3	5	3	4	6

* 1：中国水网的影响力排名，根据 5 个方面作出评价：（1）实力—总处理能力（权重 10%）+新增能力（权重 25%）+市场份额权益（权重 10%）；（2）市场活跃程度—水业市场事件（权重 35%）；（3）战略核心竞争力；（4）社会责任—行业公共事件参与度；（5）口碑。

2：年度影响力排名“—”，表示当年未上榜。

5.2.3 企业竞争力指标分析

5.2.3.1 方法选择

企业的竞争力是一个复杂的概念，直观地表现为："一个企业能够比其他企业更有效地向消费者提供产品或服务，并且能够使自身得以发展的能力和综合素质。"[①]对企业竞争力的评价方法至少有 20 多种[②]，包括因素分析法、对比差距法、内涵解析法、模糊综合评价法、综合指数评价法等。评价指标也很多，既有比较直观又可以量化的指标，如企业市场占有率、盈利率等；也有不太容易量化的指标，如企业的管理水平、决策者的素养、企业竞争策略等也对企业的竞争力有很大影响[③]。这些指标和方法都对推动客观地、科学地评价企业的竞争力有很大的贡献，但是没有哪一种方法或者指标能够完全反映企业的真实竞争力，在应用到具体领域还需要一些特性指标。还有一些外部环境因素，如企业所处产业或行业的整体发展阶段和外在政策环境也影响企业未来的竞争力，这些因素没有反映在上述企业竞争力评价体系之中。

在对整体产业国际竞争力的研究中，外部因素被更多地考虑在内，如波特的国家钻石法[④⑤]：他认为一国的特定产业是否具有国际竞争力取决于 6 个因素：①生产要素，包括人力资源、自然资源、资本资源和基础设施等；②需求条件；③相关与辅助产业的状况；④企业策略、结构与竞争对手；⑤政府行为；⑥机遇。将该方法用于我国的产业或者企业研究时，必须考虑我国的特殊改革时期，政府政策导向很可能产生决定性的作用。

---

① 金碚. 企业竞争力测评的理论与方法[J]. 中国工业经济，2003（3）：5-13.

② 胡华夏，喻辉. 企业国际竞争力评价方法研究[J]. 统计与决策，2005（1）：36-37.

③ 陈海秋. 企业竞争力的评价方法与指标体系研究述评[J]. 学海，2004（1）：166-172.

④ 尚宇. 中国稀土产业国际竞争力研究[D]. 中国地质大学，2011.

⑤ 朱丽娟. 尚杰. 中国环境产业的 SWOT 分析[J]. 世界农业，2008（11）：20-23.

已有研究针对制造业、纺织业等出口贸易的重点行业的较多，并多针对产业和产品来进行，对环保产业，尤其是服务业的，相关资料较少。本书借鉴对企业的微观评价和对产业的宏观评价两种思路和指标，以行业专家、企业管理者的评价和近几年的行业数据为基础，使用模糊比较法，对其进行两两比对，以期对企业竞争力有个定性的认识。

通过对该行业的文献调查和访谈，笔者选择了三类、10 项对污水处理服务企业竞争力影响最大的指标：第一类：反映企业目前竞争实力，4 项指标为国内市场占有率、价格竞争力、服务质量、企业规模；第二类：反映未来的竞争潜力，4 项指标为技术先进性、管理水平、企业信誉、融资能力；第三类：反映政府行为影响，两项指标为国内规则适应性、享受国家优惠政策。需要说明的是竞争实力和潜力之间存在一定的相互转换关系。

5.2.3.2　案例分析

本书选定了 2009—2012 年在水务行业市场占有率高和增长快的前 10 名中的 3 个不同类型企业，分别是法国威立雅、北控水务和桑德公司，这 3 家企业规模大、市场占有率高、从事该领域业务时间长，并在近几年在激烈的竞争中市场份额逐渐扩大。

依据对北京、天津、江苏、浙江和东北地区几次调研座谈和文献资料，选择 3 个典型企业，同时参考其他同类企业信息，对 3 种类型企业的 10 项竞争力指标进行两两比对，判断其目前在国内的竞争力，占优势计为 1，处劣势计为 0，其中大型外资企业以法国威立雅跨国公司为代表，大型国有（控股）企业以北控水务为代表，先进民营企业以桑德公司为代表。表 5-4、表 5-5 比较依据主要有三方面：①重点企业座谈；②行业协会调研资料；③行业专家判断。

对比的结果是，在国内市场，外资∶国企∶民营的竞争力比值为 0.37∶0.44∶0.19；在国际市场，外资∶国企∶民营的竞争力比值为 0.54∶0.26∶0.19，即在国内市场，大型国有企业可以与外资企业抗衡，而在国际市场上，我国企业竞争力差距较大，民营企业在国、内外的市场竞争中劣势明显。具体分析见表 5-4。

表 5-4　国内市场企业竞争力定性分析表

指标大类	序号	指标项	第一组		第二组		第三组	
			大型外（合）资企业	大型国有（控股）企业	大型外（合）资企业	先进民营企业	大型国有（控股）企业	先进民营企业
竞争实力	1	国内市场占有率*	1	0	1	0	1	0
	2	价格竞争力	0	1	0	1	1	0
	3	服务质量	0	1	0	1	1	1
	4	企业规模	1	0	1	0	1	0
竞争潜力	5	技术先进性	1	0	1	0	1	1
	6	管理水平	1	0	1	0	1	0
	7	企业信誉	0	1	0	1	1	1
	8	融资能力	1	1	1	0	1	0
政府影响	9	国内规则适应性	0	1	0	0	1	0
	10	享受国家优惠政策	0	1	1	0	1	0
小计			0.45	0.55	0.67	0.33	0.77	0.23
类型			大型外（合）资企业		大型国有（控股）企业		先进民营企业	
竞争力总指数			0.37		0.44		0.19	

* （1）采用定性模糊比较法，两两比较，占优势计为 1，处劣势计为 0；（2）国内市场占有率按日处理能力计。

表 5-5　国际市场企业竞争力定性分析表

指标大类	序号	指标项	第一组		第二组		第三组	
			大型外（合）资企业	大型国有（控股）企业	大型外（合）资企业	先进民营企业	大型国有（控股）企业	先进民营企业
竞争实力	1	国际市场占有率*	1	0	1	0	0	1
	2	价格竞争力	0	1	0	1	0	1
	3	服务质量	1	1	1	1	1	1
	4	企业规模	1	0	1	0	1	0
竞争潜力	5	技术先进性	1	0	1	0	1	1
	6	管理水平	1	0	1	0	1	0
	7	企业信誉	1	0	1	0	0	0
	8	融资能力	1	0	1	0	1	0

指标大类	序号	指标项	第一组		第二组		第三组	
			大型外（合）资企业	大型国有（控股）企业	大型外（合）资企业	先进民营企业	大型国有（控股）企业	先进民营企业
政府影响	9	国际规则适应性	1	0	1	0	0	0
	10	享受国家扶持政策	1	0	1	0	1	0
小计			0.82	0.18	0.82	0.18	0.6	0.4
类型			大型外（合）资企业		大型国有（控股）企业		先进民营企业	
竞争力总指数			0.54		0.26		0.19	

* （1）采用定性模糊比较法，两两比较，占优势计为 1，处劣势计为 0；（2）国内市场占有率按日处理能力计。

对上述 10 项指标具体分析如下：

（1）市场占有率。目前污水处理厂的市场竞争尚处于自由竞争状况（有专家称为“野蛮生长”期），无论是外资、国有企业还是民营企业，没有任何一家公司在我国的市场具有垄断优势。相对来讲，目前已经拥有的污水处理能力，威立雅排第一，但是近几年，北控水务等大型国有企业的新增项目增长很快。根据行业相关数据，按照 2012 年供排水总投资运营能力，威立雅市场占有率 2.77%，北控水务为 2.57%，桑德为 0.82%。外资企业目前在国内市场占一定优势。

在国际市场上，近年来，我国企业也参与了一些国际招投标项目，对外签订了几项合同，如北控水务 2009 年与马来西亚政府签署的 100 亿美元规模的水务项目框架协议；桑德集团 2011 年签订沙特 5.62 亿元人民币污水处理厂升级改造合同。目前我国企业已承接的海外项目主要是非洲、中东和发展中国家和地区，鲜有 GPA 参加方。

（2）价格竞争力。各市污水处理费的标准基本是由市政府决定的，不是完全市场供需平衡的结果，因此从价格本身反映不出差别。近几年各地污水费都有不同程度的上涨，主要原因是原来的污水处理收费过低，无法满足污水处理厂的运营需求，差额部分由地方财政补贴，但是也有一些省市地方财力有限，无法满足不断增加的需求和不断提高的环保要求。根据近几年的相关公共事件，如兰州水价事件、地方政府高价回收污水处理厂等反映出，外资比国企在与地方政府讨价还价的能力上要强势很多。加之，我国的劳动力成本低，因此在价格竞争力指标上，我们判断国企更占优势。

（3）服务质量。对污水处理厂来说，在相同工艺、设备、进水浓度正常情况下，各类企业服务质量没有太大区别，但是在进水浓度波动大的情况下，企业具体运行差别很大，如增加多少处理停留时间、增减多少药剂量等。在合同允许范围内，私营企业会更倾向于尽量降低成本，国有企业会更多考虑其他后果而倾向于满足市政府需要。因此在服务质量指标上，我们判断国有企业占优势；在国际市场上，外资企业凭借技术、资金、设备、人力资源等多方面优势。

（4）企业规模。我国污水处理服务经营合同期比较长，大部分在15～30年，企业资质等级与企业规模、资金情况、人员配备等有直接关系，大企业更容易在招投标中获得优势。威立雅等公司是跨国性质，规模都比较大，各类资质齐备，相比之下，我国环保产业发展刚刚起步，企业整体规模比较小。因此在企业规模方面，外企占很大优势。

（5）技术水平。一般城镇生活污水处理技术比较成熟，国内外技术水平差异不大，对工业废水深度处理、膜技术等国内先进企业也有一定的技术积累，但是也有很多核心技术依靠进口，在部分技术适应性和调试方面，国内企业经验比较丰富。但是，国内企业总体技术创新能力弱，研发投入少，很多关键核心技术需要购买专利、引进、吸收和消化，并且一部分国外技术专利购买条款中只允许在中国境内使用，从而影响我国企业投标国际市场服务合同。因此技术方面外资企业略占优势。

（6）管理水平。威立雅等跨国公司拥有150年的历史，已经在欧美和发展中国家拥有大量的合资公司并取得了很多地区的给排水项目，该公司也是第一批进入我国的外资环保公司，拥有先进的管理水平和丰富的市场经验，这与我们国家仅有的几十年环保企业史不能同日而语。从访谈中可以看出，“开放有利于学习国外的先进管理经验”是大家的共识，因此管理水平方面外资占较大优势。

（7）企业信誉。在我国个别地区的事件影响了威立雅等外资公司的信誉，地方政府对外资企业产生顾虑，慎重考虑政府的管理能力和引进外资带来的影响，逐渐更加倾向于将特许经营权交给国有企业或者市政部门，以免后患。因此在国内市场上国有企业信誉方面占绝对优势。从一些媒体报道中看出，在国际市场上，我国企业的品牌和声誉尚未建立，我国的市场操作不规范也影响了企业对外的形象。

（8）融资能力。外资公司市场化运作时间长，其融资手段、融资渠道比较丰富，国外金融机构的金融市场管理相对规范、融资方式也比较多，依靠多年的信誉和企业的资本，这些公司比较容易在本国、东道国以及世界银行、亚洲发展银行等国际金融机构获得资金支持。而我国的环保企业多数规模比较小，尤其民营企业在融资方面渠道少、方式单一、银行贷款困难，同时我国股票市场波动大、风险大，近几年虽然部分企业依靠包装上市获得一些资金，但是还有更多企业因此而倒闭或被大企业并购。因此在融资能力方面，外资占较大优势。

（9）规则适应性。外资企业在我国市场化运作的历史和我国本土环保企业差不多长，因此对我国国内采购规则，不存在规则适应性上的太大差别，甚至一些外资企业在市场营销方面更有经验、手段更丰富，同时依靠本国政府机构、行业商会组织的帮助，对进入我国市场有长远的战略计划和较高的谈判技巧。在对国际采购规则的适应度上，外资企业占有绝对优势。调查表明，我国企业实现“走出去”战略最大困难在于：发达国家资质要求高、环保标准高、程序烦琐复杂、我国大多数企业不熟悉国际规则。外资企业占较大优势。

（10）享受国家优惠政策。外资企业在改革开放初期曾经享受了“超国民待遇”，该优惠待遇近年来逐渐被弱化，而为拉动经济和新兴战略性产业，国家对能源环保产业投入力度较大，制定了一些优惠政策，这对产业发展具有巨大的影响，相对来讲，相比民营和外资企业，国有企业获得的资金和政策支持更多一点。在国内市场，国有企业占一定优势。在国际市场，外资企业享受其本国的产业扶持政策，占一定优势。

5.2.3.3　结论

对比的结果表明：从国内市场竞争力来看，污水处理服务行业中，国有企业在信誉、质量、价格、享受国家优惠政策方面具有比较优势，但是在技术、管理、市场占有率等方面略有不足，总体上国有企业可以与外资企业抗衡，而民营企业在各方面劣势明显。在国际市场竞争中，无论是国有企业还是民营企业竞争劣势明显，尤其表现在对国际规则不熟悉、品牌和信誉尚未打响、领先的核心关键、专利技术少等方面。

本节依据企业管理者和行业专家经验选取了 10 项指标，尚未建立完整的反映污水处理服务企业的竞争力指标体系，受到数据约束，本节对企业的比较只是定性说明，不能定量反映差距，这些部分在未来的研究需要进一步完善。本节结论仅作为未来制定环境服务业的发展和开放战略做一个参考。

5.3 小结

近 10 年来污水处理服务的前十大企业的排名有很大变化，大型国资企业通过并购小企业迅速成为行业市场规模最大的企业，外资企业改变经营策略，倾向于运营服务和工业污水处理，而能够凭借技术和对市场准确把握并继续保持优势的民营企业寥寥无几。

法国威立雅等跨国公司是专业从事污水处理的百年企业，不论在法国国内还是全球市场，都占有较高市场份额，品牌信誉良好，美国在咨询、监测、修复类方面出口份额更高。从环境国际贸易市场上看，发达国家企业已经各自占领了一些领域，优势明显。

我国污水处理服务企业城镇污水处理服务的技术比较成熟，我国已有一些发展较好企业在技术、价格和服务质量上与外资企业可以抗衡[①]，但是在资本运作、管理水平上与外资企业有很大差距[②]。目前，我国污水处理服务企业进入 GPA 服务采购市场的可能性较小，“走出去”动力不足。我国企业已经承接了一些国家的污水处理工程项目，但是对参与 GPA 参加方的政府采购市场竞争的积极性不足，主要原因有 3 个方面：①GPA 参加方绝大多数为发达国家，其国内环境服务市场基本饱和，欧美企业尚需拓展海外市场来谋求发展，同时这些国家政府对参加竞标企业资质要求高、环保标准高、程序烦琐复杂也限制了我国企业进入 GPA 参加方的市场竞争的步伐；②我国本土的污水处理服务市场潜力很大，仅国内市场就

① 本节仅讨论城镇污水处理的企业，在其他领域，如在废气处理，我国企业的技术差距明显，核心技术专利技术多来自日本，并且只限于在中国境内使用，也就是说，将来该企业进入其他国家政府采购市场，可能需要支付高额技术专利的使用费。

② 据中国环保产业协会调查表明，2011 年污水治理企业中，国企平均利润率为 11.6%，私企为 12.9%，而外企为 20.61%。从单位劳动力创造的利润看，外企最高为 18.9 万元/人，国企为 5.5 万元/人，仅为外企的 29%，私企为外企的 18%，事业单位为外企的 0.46%。

能满足国内环保企业发展需求，因此缺乏到国外去寻求发展空间和增值资本的动力；③我国环境服务业刚刚起步，服务管理水平与发达国家相比差距较大、尚未树立良好的企业信誉、对开拓国际市场规则比较陌生、加上国内对出口环境服务的认识和政策支持都远远不到位等，因此单个企业开拓海外市场成本太高。[①]

① 在其他行业并非都是如此，尤其是制造业，很多企业愿意做国外生意，在金融危机后才不得不转入国内。

第 6 章　我国加入 GPA 的环境服务管理难题

根据 30 多年的市场开放实践，很多操作方面的具体问题也暴露出来，本章归纳了一些行业专家对这些问题的分析。从过去一些案例中可以看出，我国加入 GPA 的障碍主要来自 3 个方面：①政府与企业的责任分担不清，由于法律规则不健全、不清晰导致的这一问题在新环保法等出台之后有所改进，但是具体细节还需落实；②政府与企业的关系的转变，从长期以来的行政主管上、下级关系转变为买卖平等的契约关系，对地方政府的管理能力和管理方式都是巨大的转变，也是巨大的挑战；③服务采购的依法管理需要法律依据，急需制定一系列的规范细则，而目前环境服务从质量管理到合理定价机制都是空白[①]，短时间内难以一步到位。

6.1　开放后我们会遇到哪些社会风险

根据调研的资料和访谈表明，对于加入 GPA 后，市政污水处理方面有可能出现的社会风险有以下几个方面：

第一，水价的大幅度提高，超过居民的经济承受能力或者心理承受能力，而引发的不满情绪甚至社会纠纷。

第二，由于污水处理厂上游进水水质或突发事件造成的进入污染负荷加大，超过污水处理厂设计处理能力，而造成的排水水质不能稳定达标，发生溢污和水体污染事件。

第三，地方主管部门为应对污染事故应急或者国家提高标准等的需要，对污

① 李娜. 政府购买环境公共服务路有多远. 新环境，2014，8：21.

水处理厂提出的超出原合同内容要求、增加投入，污水处理厂拒绝执行变更要求，造成的水污染事件，以及影响我国水环境质量改善目标的实现。

第四，在签订运营合同时，未曾估计到、未在合同中清晰描述的其他事项，造成政府后续谈判的被动和付出巨大的成本。

第五，由于污水管网建设滞后、污水收集率低、排污费收缴不齐等污水处理厂不可控因素造成的污水处理厂的运营率低，污水处理厂难以维持等情况如何协调。

6.2　目前污水处理运营合同存在哪些法理上问题

6.2.1　特许经营法律属性是经济合同还是行政许可，适用于哪种法律诉讼程序?

污水处理设施特许经营是行政许可还是一般经济行为？如果出现纠纷应该适用于民事诉讼程序还是行政诉讼程序？关于合同的争议应该适用于《行政许可法》还是《合同法》？这些问题在 2004 年建设部颁布的《市政公用事业特许经营管理办法》（以下简称《办法》）中没有明确。

（1）赞成依据行政法的观点。公共基础设施的建设和管理是政府公共部门的职责，政府出于希望引入社会资本、提高公共部门运营管理效率等原因，才采用特许经营方式，并且通过特许授权，把自己的一部分公共管理职能暂时让渡给了其他市政公用事业投资者或经营者，因此这些权利实际上是国家行使社会管理职能的合理延伸，特许经营应该被视为是政府给予投资者建设和经营一定公共基础设施项目权利的行政授权性行为。并且我国目前招投标法实施条例规定，县级以上地方政府承担招投标监管职能①，投诉和救济则依据行政程序。

① 《中华人民共和国招标投标法实施条例》第四条规定：国务院发展改革部门指导和协调全国招标投标工作，对国家重大建设项目的工程招标投标活动实施监督检查。国务院工业和信息化、住房和城乡建设、交通运输、铁道、水利、商务等部门，按照规定的职责分工对有关招标投标活动实施监督。

县级以上地方人民政府发展改革部门指导和协调本行政区域的招标投标工作。县级以上地方人民政府有关部门按照规定的职责分工，对招标投标活动实施监督，依法查处招标投标活动中的违法行为。

（2）赞成合同法的观点。

- 行政法律依据不足，实际操作依据民法：我国至今尚未形成系统的行政合同法律制度[①]，特别是对行政合同存在的合理性和必要性一直存有争议。在这种情况下，若将特许经营定性为行政许可行为、将特许经营权协议定性为行政合同，显然只会使这种不具《行政许可法》规定的可诉性的特许经营方式处于一种难以得到法律充分保护的尴尬窘境；在目前的实际操作中，对于特许经营权协议纠纷的解决，一般均采取协商、诉讼、仲裁等明显具有民事法律关系特征的救济方式。
- 平等经济主体和责任风险共担更符合污水处理设施的特性：在行政许可法律关系中，政府是实施行政许可的主体，然而在市政公用特许经营项目中，如果所有的边界条件和未来特许经营期内的权利义务分配都按照政府一方的意愿拟定，可能会造成不尽合理的局面。因为此类项目大多涉及的是如污水处理、供水、固体废物处理等保本微利的行业，投资者不可能获得很高的投资回报。投资者投资这类项目看中的是特许经营期内收益的稳步上升空间，而政府一般一次性授予投资者的是长达10年以上的特许经营权，但在这么长的时间段里将会遇到的风险是无法准确预测的。因此，市政公用特许经营项目要想取得成功、达到预期的招商效果，就需要政府和投资者双方在未来特许经营期内共同去应对可能出现的风险和困难。从这种意义上说，把市政公用特许经营定位为行政许可不利于摆正政府方的位置，而定位为平等民事主体间的法律关系，将更有利于形成较为合理的风险分担机制。

财政部《关于推广运用政府和社会资本合作模式有关问题的通知》（财金〔2014〕76号）按照“风险由最适宜的一方来承担”的原则，合理分配项目风险，项目设计、建设、财务、运营维护等商业风险原则上由社会资本承担，政策、法律和最低需求风险等由政府承担。该文件关于如何判断是否“适宜”的条件并不明确，对“承担”方式也很模糊，如企业如果设计、运营失误等导致项目失败、污染赔偿、企业破产，或者终止合同，处理方式可以是经济或者行政处罚。而政

① 法国法律规定特许合同适用行政法律规范而非民法规范，应由行政法院管辖特许合同的案件。

府政策变动是重新谈判合同、追加投资，还是仅仅不再追究企业的过错责任？具体细节还需要探讨。①②

理论上，市政公用特许经营具有行政许可和民事经济行为的双重法律属性。GPA 规定中，强调国民待遇和非歧视原则，并“适用于 GPA 涵盖实体所从事的任何采购的任何法律、法规、程序或做法……”即依据属地国的法律规定。在我国的招投标过程中的违规行为依据行政法起诉，在合同签订之后履行过程的争议依据合同法起诉。

6.2.2　特许经营权协议的签约是项目发起人还是项目公司?

（1）赞成项目发起人的观点。项目发起人针对项目设立的项目公司不具备履约能力，在协议签署时应与项目发起人签订协议，而不能与项目公司签订。

（2）赞成项目公司的观点。建设部所颁发的《办法》和范本中未涉及此问题。《北京市城市基础设施特许经营条例》则明确规定：特许经营协议经市人民政府批准后，由市基础设施行业主管部门与特许经营者签订特许经营协议。需要成立项目公司的，应当由招标确定的中标人或公开招募确定的特许经营者候选人与市基础设施行业主管部门草签特许经营协议，并于规定的期限内注册成立项目公司，由项目公司与市基础设施行业主管部门正式签订特许经营协议。

这里，明确的把特许协议的签订过程分为草签和正式签订，也就很清晰地界定了项目发起人和项目公司在项目运作过程中权利义务承担的阶段性和承接性，这是符合 BOT 项目运作特征的。

（3）建议。鉴于 BOT 项目有限追索权的特性，无论项目特许经营协议是否分阶段签署，最终都应由项目公司承担并分享相关责任和权益。项目公司作为实体应具备履行合同的能力，而项目发起人或者法人变更是常见情况。

---

① 陶镜卿. 市政公用特许经营法律属性的探讨[J]. 中国环保产业，2006，8.

② 张巍. 中国城市水务市场化改革的反思与政府规制研究[D]. 山东大学，2011.

6.2.3 特许经营协议是由地方人民政府作为协议一方负责签署，还是由政府授权职能部门签订?

实际操作：

（1）与地方人民政府签约（主要为县级城市）。

（2）与政府授权职能部门签署特许经营协议（主要为地级城市）。

（3）与政府授权职能部门签署特许经营协议，同时，与地方供排水公司或水务管理公司签订排水服务协议。

鉴于地方政府及相关职能部门的性质，第（1）和第（2）种操作方式容易产生法律纠纷；第（3）种方式比较规范，同时，有效规避了相应法律风险。①

6.2.4 特许经营权的获取途径

《市政公用事业特许经营权管理办法》（建设部126号令）要求通过市场竞争机制选择市政公用事业投资者或者经营者，在获得程序上要求政府向社会公开发布招标条件，这一程序基本上沿用了工程招投标法的相关规定。

北京及部分城市《特许经营条例》要求通过招标等竞争方式确定特许经营者并与之签署特许经营协议，但同时可以采取不限于招标的其他竞争性方式，此类规定更具有灵活性，也更加符合国内实际，但是面对加入GPA之后的政策环境，招投标的操作将更加规范和透明化。

需要指出的是：特许经营权“招标”不应与工程项目招标混为一谈，特许经营协议所涉及的融资、商务、技术、法律、财务、责权利等边界条件远比普通工程招标复杂得多（后文还将详细讨论这一问题），特许经营年限一般长到20～30年，各地区发展状况也不尽相同，很难锁定统一、清晰的边界条件。BOT项目的投标人需要准备该项目融资、建设、运营和维护的各项计划；而BOT项目的评标工作，则需要对投标人上述各项计划作出综合评价，同时，BOT项目参与者需要通过一系列的合同建立起风险分担的机制。很多地方招标代理机构往往忽视或不

① 李建亚. 污水处理特许经营争议、操作及风险规避[J]. 环境工程，2009（增刊）.

能深入了解特许经营与工程招标间的区别，用普通工程项目招标代替 BOT 项目特许经营招标，为此类项目今后长期运营留下众多隐患。

通过哪种方式选择特许经营者，是招标、招商、邀标，还是授予等其他方式，各地的规定存在差异，实际操作也多种多样。随着投资体制改革的不断深化，政府与投资人在投资项目中的角色和定位也需要不断调整。政府作为监管者，要做的是对市场准入、价格和产品质量进行有效监管，而对于项目融资、项目建设和运营等环节，应交给企业去把握，投资人自会根据政府要求和自身效益驱动去完成所有它应完成的工作。

6.2.5　特许经营协议是否可以质押、抵押或转让

建设部 126 号令和其他城市《特许经营管理办法》都对特许权的转让或变更作了严格的限制，禁止获得特许经营权的企业擅自转让、出租、质押特许经营权。

从项目操作实务看，抵押和质押是市场上通用的融资手段。对于特许经营项目，特许经营项目收费权对贷款人的重要性不言而喻，期待投资者以百分之百股本金的方式建设项目是不现实的。因此，在实际操作中，通常约定，特许经营企业可以仅为了项目融资的目的抵押或质押企业的资产和特许经营权。

至于限制股权转让，政府的初衷在于维护公共利益，保证市政公用基础设施安全、稳定的运行。但问题在于，股权变动就必然导致项目公司管理运营质量下降吗？事情显然不会这么简单。实际中，项目公司发生股权转让，很可能促进其经营管理水平的提高。从市场经济的角度分析，对股权转让的严格限制也不符合现代市场经济的要求。因此，在保证项目公司能合格地承担起经营管理的责任时，应该允许项目公司股权进行必要的变更。

北京市《特许经营条例》关于特许经营权的转让有相对灵活的表述：特许经营者股权在经过市政基础设施行业主管部门同意，且股权变更不影响其从事特许经营资格的条件下，可以进行转让。一般约定：在项目特许经营权协议签署后一段时间内（一般 3～5 年），乙方不得擅自转让项目公司股权。①

① 童新朝. 助推市政公用基础设施特许经营——物权法明晰所有权归属允许收费权质押. 中国建设报，2007-08-21（7）.

建议：不签订过长的特许经营合同，按照一般惯例在 10 年左右，对公司的运营能力的评估把握更大。

6.2.6 政府是否应该承诺最低水量和水价

污水处理特许经营协议争论很大的一个重要内容，就是承诺水量和水价的问题，在业内称之为“照付不议”或“或取或付”条款。该条款是谈判中最敏感的条款，也是合同执行中最容易产生纠纷的条款。

（1）赞同方。对污水处理单元项目而言，“照付不议”或“或取或付”的约定，是 BOT 项目实施的基本准则。因为，以 BOT 方式建设污水处理厂，投资者对终端用户收费的水价没有发言权。

（2）反对方。如果政府承诺了最低水量，也就等于承诺了所支付的最低水费，这样一来投资者就有了保底收入，就没有投资风险了，“或取或付”方式等同于“固定回报”。

6.2.7 项目期满移交如何处置项目资产

特许经营期满后，项目公司应当怎样处置项目，是无偿移交给政府，还是像一般公司清算所规定那样，对公司财产进行清算分割？ BOT、TOT、合资项目等不同商业模式下，移交有何不同？如果没有期满就需要移交或政府收回，即所谓提前终止，应根据什么原则处置项目资产？

建设部 126 号令规定了经营期满后无偿移交。天津市《特许经营管理办法》规定，特许经营协议终止时双方应当按照特许经营协议依法进行资产清算并办理相关手续。北京《特许经营条例》则要求，除非市政府另有规定，无论是新建项目还是转让项目，期限届满都要无偿移交。

（1）赞同无偿移交观点。从财务分析看，投资人的财务测算一般均计入了贷款本息、股本金收益和利润，即在期满时，投资人已经全部回收了投资和运营成本，并获得了合理的利润，所以项目资产应当无偿交还。

（2）反对无偿移交观点。在“合资”方式中，合资公司拥有项目所有产权，并在运营期间需要追加投资用于设备更新，因此，特许经营期届满后投资者应该通过股权出让或清算的方式退出。

作为污水处理厂 BOT 项目，由于大多数项目仅限于污水处理厂厂区范围，边界清晰，投资人一般会同意无偿移交，但对于折旧费用的提取，有时会特别约定。

需要指出的是，对于供水项目的收购，大多数不采取 BOT 特许经营的形式，而是按照股权转让、收购的方式，资产和经营范围涉及自来水公司厂网一体化。由于政府不再承担供应量或采购量，投资人需要直接面对终端用水户销售，并执行政府对公用事业产品或服务的定价；同时，还要负责追加投资用于新建、维护和改扩建项目（包括管网），并对追加投资形成的资产拥有产权。因此，供水项目往往不涉及无偿移交，投资者通过股权出让的方式退出。

6.2.8　合同文本的技术细节

本节整理了行业专家对污水处理特许经营范本中技术细节的讨论，是签订合同需要注意的重要问题：①

进水水质

建设部污水处理特许经营范本第 9.4 款建议：“如果由于甲方责任造成进水水质超标，甲方应向乙方给予适当补偿。

（a）如果污水处理项目有能力处理，则甲方应补偿因增加处理负荷所造成的成本增加部分；

（b）如果污水处理项目没有能力处理，并持续多少天，由甲乙双方共同协商处理办法，制订改造方案，经甲方同意后实施，改造费用应由甲方承担。在新的改造方案完成前，按相关规定调整出水指标，并豁免由此造成乙方的出水水质超标的责任”。

对该条款需要关注以下几点：

（1）进水水质中是哪一项或哪几项指标超标。

（2）瞬间超标还是连续超标。

---

① 解振华. 加快城镇污水处理设施建设完善运营服务不断提升环境基本公共服务水平[J]. 城镇供水，2012，9.

（3）超标幅度大小。

（4）不同指标超标范围条件下如何补偿。

一般而言，工业企业排水水质必须符合《污水排入城市下水道水质标准》（CJ 3082—1999）；另外，在污水处理系统处理能力范围内，通常以进水 COD 浓度递增比例为依据，设置甲方对乙方不同的补偿标准条款。

需要注意的是，虽然上述范本（b）款表述，污水处理厂如需实施改造，改造费用应由政府授权签约方（甲方）承担。但在实施操作中，该项费用一般仍由运营方承担，而政府往往会以提高污水处理费，或其他补助方式予以补贴。

出水水质超标

建设部特许经营范本第 9.6 款表述：“乙方出水不符合排放标准应按附件向甲方支付违约金。但由于甲方原因造成出水水质不能达标时除外”。

需要注意的是，根据此项约定，乙方将面临双重罚款。

（1）协议约定乙方应支付甲方的违约金。

（2）污水处理厂出水超标导致环保部门的超标罚款。

一般合同条款，应遵循责权利对等的原则。作为合同主体各方，如果范本第 9.6 款的要求是合理的，那么，乙方处理污水后达标排放，是否甲方应给予相应奖励呢？如果说甲方的奖励已经包含在污水处理费之中，那么最初甲乙双方在核定污水水费时，是否已考虑了此项内容。总而言之，该项违约金是否应该收取？收取金额如何计算？需要签约双方认真考虑。

污水处理费单价调整及一般补偿原则

关于污水费单价调整，建设部特许经营范本第 9.2 款表述：“每年 n 月乙方可根据能源、原材料、人员工资的变动以及由于政策法规的变更影响等因素，计算下一年的污水处理成本，若有必要可以向甲方提供污水处理服务费单价计算依据（人工费、药剂费、电价、物价指数等）和申请调整污水处理服务费单价的要求，甲方应履行必要的审核、审批程序并在 n 个月内给予答复”。

关于项目补偿，建设部特许经营范本和各地《特许经营管理办法》给出了一般补偿原则：特许经营者可以通过调整收费、政府补贴，延长特许经营期等方式获得补偿。

需要关注的事项：

（1）污水处理成本在多大范围内波动，甲方才会履行必要的审核程序并予以批准执行。

（2）要区别调价申请与调价程序间的差异；对一般污水处理 BOT 项目而言，投资人所承担责任是污水处理厂特定单元，它所面对的服务对象不是公众，而是某个政府职能部门。因此，项目公司对污水处理费的调价申请与政府通常意义上的水价调价程序应该是相分离的。这一观点目前还很难被政府所接受。

（3）作为投资人也应清楚，在污水处理厂运行成本没有发生重大变化时，如果政府上调污水处理费，作为 BOT 项目的污水处理厂是享受不到因污水费上调可能带来的收益。

最后恢复性大修和性能测试

建设部特许经营范本第 10.3 款表述：

（a）在移交日之前不早于 *n* 个月，乙方应按照移交委员会商定的最后恢复性大修计划对污水处理项目设施进行大修，此大修必须于移交日 *n* 个月之前完成。

（b）通过最后恢复性大修，乙方应确保污水处理厂关键设备的整体完好率达到 *n*%、其他设备的整体完好率达到 *n*%、污水处理厂厂内构筑物不存在重大破损。

该条款的出发点是对乙方运营期间涉及相关构筑物和设施维护的要求和制约，主要涉及运营期间折旧费的使用和处理，对乙方经济指标测算和运营收益有一定的影响。但（b）条款关于构筑物和设备完好率的比例要求难以具体、准确量化，实际操作不好把握。一般往往原则约定：项目移交时污水处理系统正常运行，出水满足排水标准。

6.3　高溢价收购和打包项目为什么备受争议

在过去几十年的市场化改革过程中，出现过一些值得警惕现象和必须防范和控制的风险：如外资企业高溢价收购污水处理厂项目，再通过不断推高水价来实现利润回报的策略；以及为了补偿污水处理项目的亏损，政府需将其他高利润或垄断性质项目与污水项目打包签约，污水项目受托单位一方面申请财政的亏损补助，另一方面垄断竞争。

典型案例是威立雅兰州水务（专栏 6-1），该案例备受争议的原因是：地方政府为了解决水务公司的财政包袱，提前透支了后30年的财政收入；外资公司通过对政府的变相“政治献金”，绑架了政府在定价方面的意志；政府与企业“合谋”损害了公众的福利。

专栏6-1　兰州水价事件及水务改革

为了筹集城市公用设施新建和改造资金，2006年底，原兰州供水集团完成企业改制后向社会公开招标，转让其45%的股权及污水处理特许经营权。最终，法国威立雅公司以17.1亿元获胜，期限30年。上述项目及股权净资产仅分别为3.5亿元和1.4亿元，溢价率约280%，被称为“高溢价”。

虽然当时很多人认为该公司很难在30年内收回成本，但是威立雅方面判断，兰州的供水日后会大幅度增加，水价也会有可能每两年上涨一次，每次上涨10%～20%。令公司始料不及的是，在节能减排政策引导下，高耗水项目受到限制，企业采取节水措施，工业用水量大幅减少，我国70%水务公司处于亏损状态。经过兰州和甘肃省物价部门成本监审，兰州威立雅水务2008年实际亏损5 484.59万元，加上2007年亏损，累计亏损达7 398.6万元。

威立雅公司多次要求兰州市政府提高水价，未被采纳。2009年7月兰州召开水价听证会，10月兰州市政府正式宣布水价上调；其中，居民生活用水每立方米上调0.3元，至1.75元，行政事业用水价格由1.76元上调至2.50元；工业用水价格由1.90元上调至2.53元；经营服务用水价格由2.50元上调至2.80元。近9年，兰州共5次调高水价，但此次调价因涉及外资公司“高溢价中标”和“公司以停水胁迫政府”传言引起了社会广泛争议，并质疑政府的公信力。

威立雅还拥有天津、上海、北京、成都、昆明、兰州等近19个城市的21个合资项目，供水人口达到了3 000万。这些外资水务公司的经营期限一般在30年左右，也有50年的，而其占股权份额都接近或等于绝对控股的50%。另外，2009年11月至12月27日，我国就有24个城市上调或确定在2010年上调居民用水价格。其中，不少为高溢价转让水务公司的城市。据估算我国的自来水与污水处理的市场规模超过1万亿元。

资料来源：根据《中国新闻周刊》相关报道整理。

此外，污水处理企业多数表示利润低，甚至亏损。从理论上讲，从事公益事业的企业的利润回报率不能过高，企业亏损还有一定财政补贴，因此不论实际经营状况如何，绝大多数企业都会显示账面盈利率很低，难以达到6%这一底线，而实际盈利情况并非如此。污水处理厂为地域垄断性、特许经营权往往时间很长为30～50 年，该资产虽然利润率低但是回报稳定、资产良性，其特许经营权还能作为融资担保贷款用于企业的其他项目。此外，企业在竞争当地政府的其他高利润率的项目是会得到优先考虑，所谓“堤内损失堤外补”。因此，尽管所有企业都宣称亏损，但是近几年仍然有越来越多的企业投资和竞争污水处理项目。

6.4　污水处理企业“三免三减半”优惠政策为什么难落实

2008 年 1 月 1 日起，新《中华人民共和国企业所得税法》实行，新税法对从事国家重点扶持和鼓励发展的产业和项目，国家重点扶持的公共设施、环境保护、节能节水等产业的企业可减免所得税。在《中华人民共和国企业所得税法实施条例》中，明确了“三免三减半”的优惠执行政策，即“第一年至第三年免征企业所得税，第四年至第六年减半征收企业所得税”。而免税优惠对象的认定是以项目为计算单位，即“符合条件的环境保护、节能节水项目的所得，子项目取得第一笔生产经营收入……”但是对污水处理企业来说，该项优惠难以落实。原因是：

（1）按照 BOT/TOT 等模式建设运营的污水处理厂，前期投资大，回收周期长，根据经验，按特许经营 25～30 年计算，静态回收期大概 12～15 年，在经营初期，处理量通常都达不到设计能力，加上建设期间的大量负债，即企业取得第一笔收入起 3～5 年都处于亏损状态，基本享受不到优惠。

（2）以项目作为认定对象操作起来比较复杂。有的项目是多个小型污水处理项目打包或者有一期、二期扩改建项目，每个项目的盈利能力不同，取得第一笔收入时间也不同，因此操作复杂、申请困难增加了企业管理成本和人为调节的可能性。

因此，业内专家建议对污水处理行业优惠政策应直接采取所得税低税率方式，并能够在土地和房产等税收方面给予部分减免，才能使企业实实在在地享受到优惠。

6.5 中、小规模污水处理设施为什么成为难点

污水处理服务的短板是中、小城镇污水处理厂，由于资金保障不足、管网不配套、专业人才匮乏、设计和技术参数与实际需求不符、政府规制管理能力弱等原因造成这些污水处理厂运营率难以提高。

根据相关数据表明，无法实现正常运营的污水处理厂主要集中在规模较小的广大城镇地区。这一问题将随着中、小城镇污水处理厂的普及而进一步恶化。由于中、小城镇污水处理厂处理规模小，规模效应不明显；管网设施建设滞后，并且投资缺口很大；不同的中、小城镇的社会、经济发展状况不同，对污水处理工艺的针对性和适用性要求比较高。这些问题都进一步加大了中、小城镇污水处理的难度。一个客观的反映是中、小城镇污水处理厂的真实运营成本普遍高于大城市。例如，三峡库区 2003 年以来陆续建成首批 18 个区县的污水处理厂，其单位运营成本高达 4.18 元/t，而东部发达地区只有 0.5～0.8 元/t，一般合理的估计在 1 元/t 左右。

中、小城镇污水处理厂的运营难题还与我国当前“重建设、轻运营”的思路有关。我国污水处理厂建设资金的获得渠道相对较多，包括中央财政立项、各种水环境治理工程、国债项目以及诸多国际合作项目，如世界银行和亚洲开发银行贷款、日元贷款等。在建设的过程中，为了得到尽可能多的外部投资，在规划、设计时很少考虑未来的运营成本；反而为了追求政绩工程和面子工程，普遍存在超大、超前规模，追求世界领先，追求豪华气派等现象。最终导致污水处理厂的运营、维护成本非常高昂。之前提到的三峡地区的 18 座污水处理厂，设计日处理能力高达 47 万 t，而实际每天仅处理 15 万 t。“吃不饱”直接造成了运营的高成本：折旧成本高达 2.96 元/t，占运营成本的 71%。

与污水处理厂建设的多渠道相比，运营的成本几乎全部由地方政府承担。并且，城镇地区污水处理费相对于大、中城市标准低，收缴率也相差甚远。在大、中城市，污水处理费一般在 0.6 元/t 以上，部分实行市场化的地区在 1 元/t 左右，基本上与运营成本持平。但是目前污水处理费的收取尚未从城市普遍扩展到城镇；即使部分城镇收取污水处理费，绝大部分也在 0.4 元/t 以下。在收缴率方面，大、

中城市在 70%左右，城镇地区更低。这些污水处理厂开工的天数越多，地方政府的财政包袱就越大。地方政府也丧失了维持污水处理厂运营的积极性。在国家监管体制不完善的情况下，关停污水处理厂成为地方政府的理性选择。城镇污水处理厂的运营困境在所难免。此外，中、小城镇污水处理厂还存在严重的管理运营效率损失，进一步提高了运营成本，加大了正常运营的难度。污水处理需要较强的专业技术能力，并且由于城镇污水处理规模小且不稳定，运营管理难度相对较大。而城镇很少有此类专业人才，员工队伍的受教育水平和管理能力都较低。整体而言，城镇地区污水处理厂绝大部分存在冗员、低水平管理维护、污水处理设施没有发挥应有的作用等问题，存在巨大的效率损失。

已建成的污水处理厂仍有部分设施不能完全满足“十二五”期间的环保新要求，①新的环保标准要求污水处理厂出水排入国家和省确定的重点流域及湖泊、水库等封闭、半封闭水域时，由原执行一级 B 标准改为执行一级 A 标准，很多设施尚未完成提标改造；②在“十二五”主要污染物排放总量控制指标中，增加了对氨氮的排放标准，需要污水处理企业增加对氨氮的处理工艺，部分现有污水处理设施不能达到新的环保要求。另外，由于“十一五”期间污水处理设施建设速度比较快，一些设施在工程设计和建设质量方面存在问题，需要完善提高。完成上述任务的资金来源，也成为合同变更谈判的难点。[①]

6.6　污水处理规制、监管能力存在哪些短板

我国城镇污水处理价格体系、信息体系、规制能力等方面都存在较大的缺陷。①我国城镇污水处理的收费水平不可能完全弥补运营成本，并且未来提价的阻力会越来越大；②我国污水处理方面的信息的收集、发布等工作还处于起步阶段，尤其是在城镇地区，甚至地方政府都没能掌握污水处理厂的工艺、管网、来水、出水等具体信息；③最大的问题是城镇地区政府的规制能力不足。我国公共部门市场化刚刚起步，且主要在大城市进行，仅涉及发达地区很少的一部分城镇。因此城镇一级政府在市场化方面的经验非常有限。无论是相应的规章制度建设，还

① 刘平养，等. 我国中小城镇污水处理厂管理运营的市场化模式探讨[J]. 生产力研究，2010，1.

是各种专业人才（包括法律、谈判、管理等）的积累和培育，都存在较大的缺陷，很难实现有效的监管。在市场化过程中，政府充当了谈判者的角色，很多地方政府或者主管部门不具有足够的谈判能力、法律知识和成本利润估算的能力，在受到专业领域和经验限制的情况下，签订合同有很大的风险。

6.7 小结与建议

污水处理服务市场化改革已有 30 多年历程，但是很多问题仍未得到有效解决，其中有法律、法规、监管方面的不完善因素，也有操作过程不遵守规则或者利用规则漏洞的因素，导致市场乱象丛生、地方政府踯躅不前、民众顾虑重重，污水处理服务的市场开放步伐受阻。这些问题包括政府与企业的责任分担机制、污水处理收费价格、污水服务企业合理回报争议、环境监管能力不足、环境和法律专业人才缺乏等。法律合同方面的问题必须在规制污水处理行业中一一明晰，管理部门的能力建设也同样不容忽视。

适应加入 GPA 后环境的政策建议：

（1）普法工作。让政府、公众、企业对责任、义务、权力和程序、规则理解有一个基本的统一认识，遵守 GPA 规则。

（2）加快出台一系列相关管理规范和标准，包括市场管理法规、合同标准、排放标准、建设标准、收费，等等。规范政府和企业行为，明确监督和责任分担机制，规范合同细节——特许经营权的抵押、担保、转让等，鉴于目前我国进入污染事故高发阶段，将应急处理能力纳入招标和合同内容当中，对中标企业在今后处理污染事故和应急行动做出明确规定。

（3）制定优惠政策。尤其是针对中、小企业和民营企业，为其提供运营资金保障，吸引资金、技术和企业创新能力关注小型、乡镇的污水处理、工业废水等重点、难点问题，而不是相对成熟的规模以上城市污水处理厂。

第 7 章　加入 GPA 的机遇与挑战

从长远看，开放污水处理服务对我国利大于弊，尤其是在改善环境质量、提升环保产业、完善相关法律法规标准规范体系、加快市场化改革进程、规制市场竞争环境、提高财政资金的使用效率等方面都有很大的促进作用；但是在近期，过快开放有很大风险，需要对照 GPA 规则对我国的法律法规进行梳理和修订，避免相互矛盾和含混不清，强化污水处理服务项目招投标和实施过程的监督管理办法的可操作性、对政府管理职能进行调整、提升基层环境管理能力，以应对加入 GPA 后的环境监管、执法的新需求。

7.1　开放带来哪些机遇

7.1.1　有利于扩大市场供给，满足我国改善环境质量需求

我国目前水环境污染十分严重，七大水系除长江、珠江水质良好外，其他 5 个水系都处于污染状态，一半以上城市地下水污染严重，10 年来污水排放量以每年 4.3%的速度增长。虽然近 10 年来污水处理设施大量建设，覆盖了 98.9%城市和 81.7%的县城，但总体投运率仅为 70%左右，无法满足环境治理的需求，无论是从设计规模、技术能力、配套设施、运营达标率等都与我们的环境需求有很大差距。未来对运营服务需求很大。

加入 GPA 后，环境服务市场更加开放和规范、使用国际化的招投标程序和文件语言，不仅扩大了招投标信息的发布范围，并且大大减少了 GPA 成员加入我国

污水处理服务市场竞争障碍，可以吸引更多的国内外先进企业进入该领域进行公平竞争，扩大政府采购的选择范围，在竞争中优胜劣汰，从而提升我国环境服务的处理技术水平和管理能力，实现水环境质量改善的目标。

7.1.2 有利于以开放促改革，理顺污水处理服务管理体制

我国市政服务市场化改革已经进行了 30 多年，改革过程中遇到很多问题、挫折和教训，并进行过 3 次重大的政策调整和市场整顿。这一改革目前尚未完成，并且进入了体制改革的“深水区”，变革的速度减缓而阻力增大。就污水处理行业来说，管理机构比较复杂：中央一级涉及多个主管部门，包括发展和改革委员会、住建部、水利部、环保部、财政部、国资委，等等。地方一级情况千差万别，有实行水务一体化的，也有在市政部门统一管理的，还有市政公司企业化改制、与外资公司形成合资公司的，就环境服务业是否属于环保产业的一部分，其资质和质量管理归属哪个部门仍存在争议。理顺管理部门的交叉职能、匹配管理部门的权力和责任是体制改革中最重要的一部分。

加入 GPA 后，促进体制改革的动力不仅来自行业内部发展需求，也来自外部国际履约要求的推动，我们必须遵从 GPA 的非歧视、透明、公正原则，顺应国际惯例，完善行政监管和法律救济制度，进而推动污水处理服务行业主管部门职能分工的清晰化、合理化，通过进一步地扩大对外开放领域和提高开放水平、推动政府思想观念转变和体制创新，转变政府职能、充分利用市场机制、优化投资环境，形成更加合理、顺畅的管理流程。

7.1.3 有利于实现政企分开，促进污水服务企业健康成长

污水处理服务为非营利、公益行业，原由市政部门承担，改革开放后部分机构转制为国有（控股）企业，占一半以上的市场份额。这些国有（控股）公司通常与地方政府以及主管部门有着长期的、良好的合作关系或者隶属关系；同时企业也享受财政补贴的优惠、接受相关机构对企业成本监审、人事和资产管理。该类公司虽然已经完成企业化转制，但在运作中并不能完全实现自主经营、政企分

开。污水处理服务企业在成本和价格监审中，按照不完全成本核算，不允许有利润、融资成本和固定资产折旧计提等，财政补贴仅能满足处理费用和人员基本工资，虽然企业有稳定的长期服务合同和财政补贴作保证，但是企业没有资金积累，这会阻碍企业的正常发展。

加入 GPA，将污水处理服务市场化，按照市场化规则运作，同等服务、同等价格，利润水平取决于企业自身的经营管理能力、单位资源投入产出和单位劳动力效率、遵循市场价值规律，对企业健康发展更有利。

加入 GPA 后，对我国的各层级政府普法、守法、依法办事是一个强制性约束。除了采购过程的规范化外，为了适应开放后的环境，地方政府在履行合同的过程中也必须做到依据事实和依法办事，对污水处理服务过程监督和管理更加专业化和精细化，政府的环境管理能力也因此得以提升。

7.1.4　有利于节约财政资金，提高公共资金的使用效率

理论上，贸易范围越大、供应方越多、竞争越激烈、采购方选择就越多、采购价格更趋向合理。签订 WTO 和 GPA 的初衷就是为了促进更大范围的自由贸易，最大限度地降低贸易的限制。加入 GPA 后，政府采购范围也更大，可供选择的供应商也越多，有利于节约政府采购资金，提高资金的使用效率；在实际操作中，GPA 要求政府采购的行为遵从透明化和非歧视性原则，对交易背后可能存在的寻租、合谋等问题有很强的监督作用，对正确、高效地使用财政资金起到积极促进作用。

开放环境服务市场也有利于拉动社会投资。从项目投资金额来说，我国已投入运营的污水处理项目投资中，财政资金占 50%，其他 50%建设资金来源于社会融资，社会投资成为污水处理项目资金的重要来源。

7.1.5　有利于营造竞争环境，提高我国污水处理服务水平

我国的污水处理服务企业有上千家，大部分规模较小，产业集中度较低，市场占有率最大的企业也只有 3%的份额，龙头企业尚未形成。市场占有率排名前

10位的企业中，有一些是近年来通过兼并收购小企业及其原有市场实现的，这些企业的主流业务有市政工程、房地产、道桥甚至投资公司等，污水处理仅仅是其业务拓展的一个小板块。半数以上的专业污水处理服务企业是从原市政部门分离出来，逐步进行改制后的企业。其他行业公司的不断涌入说明，我国的污水处理服务市场有很大的吸引力，并且对新加入者来说技术门槛较低。

与威立雅等上百年从事污水处理服务的国际公司相比，在国内市场上，我国大型国有企业在信誉、质量、价格和享受国家优惠政策方面具有比较优势，但是在技术水平、研发能力、管理水平、管理效率与国际先进企业较量都有明显劣势，对于把握市场机遇、驾驭资本和企业化运作经验不足。

加入GPA后，我国企业在与外资企业的竞争过程中，可以在处理合同细则、运用法律手段维护企业利益等方面借鉴发达国家的先进经验，取长补短，通过与先进企业的公平竞争、相互借鉴和学习，人才流动等帮助我国企业迅速成长和迎接国际市场挑战。加入GPA有助于我国污水处理服务行业的升级改造，提升企业的市场化、专业化、国际化水平，提高企业的技术、管理、资金运作水平和能力。

7.2 开放迎接哪些挑战

虽然改革开放是我国大政方针，并且能给我们带来正向的环境效益、社会效益和经济效益，但是在现阶段，我国的污水处理服务的管理体制还有待研究梳理、管理制度还有待完善、管理能力还有待提高，加上我国各省市地区情况差异比较大，不宜过快开放，各地区应该根据自身情况，做出适度的承诺。

7.2.1 管理复杂性增加，管理难度加大

加入GPA后对政府的依法行政要求提高，因此地方基层政府的管理规范程度和管理能力需要全面提升，包括企业成本价格监管、服务过程监管以及与企业谈判能力、污染事故应急处理能力，等等。与普通的商业采购行为相比，GPA的采购行为规则更复杂，对招投标信息发布渠道、发布时间、发布语言等都有要求，相应对招标采购主体——对基层政府的要求比过去提升一个很大的台阶，并且有

本质的差别。目前我国地方基层政府对此新事物非常陌生，从初步认识到能够具体规范操作需要一个较长时间的培训和适应过程。

污水处理与民生息息相关，处理不当会导致环境问题演变成政治问题、引起社会纠纷。如前文所述，在我国的开放过程中，出现过许多问题，如果这些问题不能得到妥善解决，加入 GPA 后就有可能将内部矛盾激化、复杂化、国际化，处理起来将更加棘手。因此必须由基层管理者将这些风险一一识别，并尽量控制在可接受的范围内。

识别这些风险可以从以下几个方面考虑：

（1）正在执行的环境服务合同管理制度是否规范、合同期限是否合理。

（2）地方环境服务监管能力是否匹配；各部门的监管职责划分是否合理清晰。

（3）上下游污水治理责任、政府和企业的责任划分是否清晰。

（4）污水处理设施的产权是否清晰、运营处理经费来源是否有保障并且稳定。

（5）污水处理设施进水管网是否已经配套、完备，能够满足污水处理厂最低处理量的要求，处理水平是否能满足国家最新要求。

（6）是否有不能开放的敏感地区、领域和行业，如一些高密级的军事地区、保密机构、敏感性比较强的地区，由外方经营可能存在一定风险的地区和行业。

（7）其他政治和社会风险因素。

上述问题需要由各地区具体识别和评估。

7.2.2　调整法规的难度将增加

我国《国家自主创新产品认定管理办法》一经出台就撤销的事件说明：第一，承诺加入 GPA 后，我国的各项新法规的出台就被置于国际社会的关注和质疑之下，今后的法规设计需要更加谨慎；第二，遵从 GPA 的非歧视原则，欲通过政策实现我们保护国有企业的目标的难度将大幅度提高。各级政府务必利用好目前的谈判过渡期，加快法律规范的调整步伐。我国的环境服务市场法规体系尚不完善，在上位法的招投标和政府采购法之间的衔接尚未完成的情况下，各行业领域的采购方式和规范均不统一。污水处理服务采购的主体比较复杂、管理部门较多、签订服务合同的细节存在许多不清晰、不规范，甚至不合理的情况，针对污水处理招投标过程的质疑、救济等体系尚未健全。

为了适应加入 GPA 后的市场管理条件，这些相关法律法规规范标准的调整必须尽快完成，并且逐项发布、落实。其中包括：①完成国内污水处理服务相关的法律法规适应性梳理、研究和修订；②制定污水处理服务的质量标准；③完善污水处理服务的价格审定办法；④污水处理服务企业和人员的资质管理制度；⑤污水处理服务的合同模式和产权界定模式；⑥污水处理厂上游高风险企业的强制保险制度；⑦小企业和少数民族企业的特殊优惠政策；⑧污水处理运营补贴和收费政策。

7.2.3 市场格局一旦形成很难改变

（1）需要充分考虑未来 10 年我国环境服务业的发展趋势。未来 5～10 年正是我国环境服务业迅速发展的阶段。“十一五”末，东部城市和西部省会城市的基础设施建设基本完成，未来 5 年不断提高污水处理量和处理率是主要任务，2011 年仅城镇污水处理厂运营服务市场规模约为 300 亿元/a，2020 年将达到 500 亿元/a，增长潜力大。

（2）市政行业是现阶段较理想的投资产业。市政行业的特点是周期长、风险小，虽然利润低，但是回报稳定，它有自然垄断和资源垄断属性，地域性和技术依赖性，即某地区只能存在有限几个污水处理厂，受场地制约，新企业进入困难；一旦采用某种技术和设备，将持续一二十年；处理后的中水作为再生水资源，在我国将有较好的市场。近几年受到金融危机的影响，很多其他行业企业将投资目标从高投入、高风险行业转入市政服务行业，因此该行业未来竞争态势将比较激烈。

（3）市场分配格局一旦形成，将对今后造成深远的影响。开放市场，外资企业凭借资金、经营管理等方面的优势，迅速占领规模大、比较容易盈利的市场，剩下规模小、成本高收益小的项目不得不由市政部门承担，一般污水的特许经营权时间很长，一般在 15 年以上，这种市场分配格局一旦确定，将会在很长一段时间很难改变。

（4）对我国环境服务本土企业可能会有一定冲击。与 GPA 参加方相比我国环境服务企业国际竞争力相对不足，进入 GPA 国家市场的可能性小。我国环境服务业的水平与国外还有一定的差距，管理理念、市场营销、资本运作、自动监控、管理方法相对落后，如开放政府采购市场，可能会对本土企业造成一定冲击。

专栏 7-1　"一号文件"给水务企业带来的挑战和商机

2011 年伊始，中共中央 1 号文件《关于加快水利改革发展的决定》引起了广泛关注，往年 1 号文件多数是关于农业问题，这一改变意味着 2011 年水资源问题被列为我国的头等大事，许多媒体和专家对 1 号文件以及水资源、水环境问题进行了解读和探讨。

1 号文件提出"实行最严格的水资源管理制度"，将建立用水总量控制制度。控制新鲜水量对刺激再生水的利用、推动淡化海水和节水工艺发展有很强的促进作用，给从事海水淡化、再生水处理的企业带来了巨大的商机，同时也会推动对相关技术的发展和成本的降低。

另外，严格地控制依赖于严格的计量和监管。水利部准备启动国家水资源监控能力建设，以 12 000 个国控监测点作为基础，以 40 个各级监控平台作为处理中心。据估计，如果启动该项计划，水资源的在线监测，包括软件研发和系统集成，将在目前的 10 亿元/a 的市场基数上再增加 20 亿元/a。对水监测设备和仪器企业来说前景光明。

资料来源：根据清华中国水网《升温水利给水务带来什么？》摘编。

第 8 章　GPA 与环境管理服务问题讨论

在环境服务这样的公益服务领域是否应该加大对外开放力度，进行深度的市场化改革的问题背后有一系列理念上的认同问题，即我们是否认可市场化和法制化的思路和逻辑？对于 GPA 的规则的透明、公平性是否认同？核算开放带来的收益是否高于成本？这一开放对我们是机遇还是陷阱？应该学习哪些策略和技巧？

环境政策或者环境事件的司法判罚或行政处罚的结果将影响相关者的行动，政策和法规更多是强化一种行为，政策的实施效果往往滞后好几年，利益相关方博弈几轮之后才能看到真实的效果。因此稳定性好、周期长的政策和法令强化作用会更明显，而摇摆不定、忽松忽紧的政策和法令会影响它的可信度和效力。“未来十年中，中国必须对建立怎样的经济秩序做出抉择，因为经过 30 多年的‘实验性的经济政策’中国已经到了必须将某些经济政策框架和核心特征长期确定下来的时候了。”（何梦笔）

每项政策决策都会产生一些我们原本没有预期的副产品、副作用，也是政策成本和代价的一个组成部分。过去常常用“不计代价”来形容我们行动的决心，“运动式”的环保风暴刮过几度，但是效果不能持续。历史经验反复证明：如果忽视执行者的驱动力、利益平衡，结果造成执行者无法接受的利益损失、执行摩擦力过大，导致执行变形，最终政策目标无法实现，政策执行半途而废，政策失效，政府失信。如何用经济、法律的手段激励、强化那种我们期待的行动，同时减少负面影响是我们必须反复琢磨的问题。

8.1　法与经济学理论探讨

8.1.1　第三方治理的风险与收益成正比吗?

根据帕累托改进理论，打破以往的平衡建立一个更好的平衡前提是：一个参与方利益增加，而其他人不受损；或者一方受益，其收益在补偿受损者之后自己仍然有富余，那么这个改变是可取的。

让我们来试图运用法与经济学的理论分析一下：第三方治理有没有打破平衡，建立一个更好的平衡？如果要刺激第三方治理的积极性、实现更好的平衡，需要哪些条件？

近几年，我国政府一再倡导的第三方治理、政府采购公共服务、合同管理等新的契约形式，可以理解为：将原来的产污企业治理或者政府治理变成产污企业或政府委托第三方治理。支撑政府采购公共服务思路的一个重要理由是——这样做有利于提高财政资金使用效率，或者说减少财政支出、节约财政资金。如果把政府视作全体纳税人的代理人，也可以说是减少纳税人付费。

我们可以假设原来支出 1 000 元用于治理，政府采购可以节约资金 10%，现在只需要支出 900 元（节约资金 10%的假设依据是：有报道称，我国实行政府采购制度后，采购资金的节约率每年都在 11%左右，为计算简便，取 10%计算）；对于原来自行治理的企业来说也一样，假设原治理成本是 1 000 元，现在可以花 900 元委托第三方治理，则企业可以节约 100 元。第三方出售的治理服务如果售价为 900 元，那成本也必须低于 900 元，我们假设利润率为 20%（20%的利润率的假设是依据中国环保产业协会统计结果，2011 年污水治理企业中，国企平均利润率为 11.6%，私企为 12.9%，而外企为 20.61%，我们取最大整数值）。那么第三方的成本为 750 元，第三方利润为 150 元。

问题 1：利润何来？那么我们不禁要产生疑问，原成本是 1 000 元，现在成本是 750 元，那么之间 250 元的利润空间之前是被谁赚取了？还是因为资源错配被浪费了（没有实现帕累托最优）？或者就是原本制度安排交易成本非常高？如果改变制度安排，那 250 元能不能真正被节省？还是转变了分配方式？或者会使服务质量变差？

我们来考察一下，第三方治理企业如何实现利润？企业实现利润的正常途径可以有很多种：如提高单位人员效率，减员增效；通过更专业、更细致的分工提高效率、降低单位运营成本；通过规模增加、减少采购中间环节或使用其他成本更低的替代材料，降低原材料购买费用；减少各类审批、监察程序，降低行政、接待成本；通过政府采购合同获得融资成本更低的贷款，降低财务费用；获得更便宜的土地、以优惠价格使用电或水；或者通过与政府建立的新伙伴关系，获得其他盈利率高的合同，如房地产开发……

我们改变了制度安排，是否真正促进了市场的自由竞争，是否真正实现社会总体福利改进？还是仅仅改变了利益集团之间的分配？（政府也看做利益集团，市场经济国家，政府更有可能成为某个利益集团、垄断组织的代言人）

问题 2：第三方治理企业对委托合同的期望价值和承受的风险。我们不妨模拟计算一下第三方企业愿意承接政府采购合同的概率，假设承接政府合同顺利完成收益为 150 元，如果失败，企业承担的成本为 750 元（这里忽略了项目如果失败，还有可能面临罚款或者赔偿，这个金额有可能远远高于原来投入的成本），项目成功的概率为 p。预期收益的表达式为 EMV（D1）$=150p+(-750)(1-p)$，如果企业不承接合同，收益为其资金放贷得到的收益，假设为 6%（收益率的假设依据是 2015 年银行商业贷款半年利率为 6%），750 元的 6%利息即 45 元；令两式相等，即 $150p+(-750)(1-p)=45$，计算概率 p 为 88%，即企业如果预测项目成功的概率高于 88%，就可以承接。换句话说，只有项目失败的风险低于 12%，并且利润率在 20%以上，企业才可能有积极性。（事实上的条件更加严苛，按 2015 年财科所调研结果，小型企业的融资成本为 11%～12%计算，那项目的成功率必须达到 93%以上）

让我们来看看第三方治理企业面临的风险因素。造成一个污水处理厂项目失败的风险的因素有很多，如因产业调整或者市场波动造成上游企业减产或者管网不配套、污水收集率低造成的来水量太少不能满足污水处理厂最低水量要求，无法满足基本运营费用；又如上游企业生产过程突发事故造成污水超过处理厂的处理能力，以至处理后水质不达标，天降暴雨、雨污未分流，或上游增产造成来水量太大超过设计要求；因资金不到位造成运营经费短缺、维修或增容工程不能按期完成；劳动力成本增加或者技术人员短缺、原材料和水、电价格上涨、企业决策或者工人操作失误；另外还有国家政策变动、标准提高、政府违约等，这些都是历史上污水处理企业运营中出现过的真实问题。

问题 3：通常特许经营委托合同都在 10 年以上，有的甚至达到 30 年。在此期间，更好的技术出现的可能性很大。如果几年后，另一家新企业研发的新技术出现，可以将治理成本再次降低，那么是否允许原企业（简称企业 A）将未到期的委托合同转让给该新企业（简称企业 B），还是由双方协商，终止原合同，由政府重新与新企业 B 签订新合同，或者在合同完成后再与企业 B 续签。

（1）显然，禁止新企业的新技术的进入市场是社会整体福利损失最大的选择，理论上应该避免出现。

（2）如果政府要求中途终止合同，需要向企业 A 支付一定的补偿金，该补偿金如果大于新技术带来的成本降低，那政府还将延续原合同。如何计算补偿金就是一个关键问题。

（3）如果企业 A 直接将委托合同转移给企业 B，并从中赚取一定差价，操作上容易实现，但是违反了目前发布的相关规定。所以企业 A 最佳选择是兼并企业 B 或者购买该新技术，如果专利使用费低于新技术带来的成本节约的收益。

（4）如果因为上述种种费用过高，政府通常不轻易终止合同，那企业 A 也不会有关注其自己竞争力提高和新技术研发；如果政府可以轻易地终止合同，那企业 A 不会有动力对原有设施追加投资，避免在终止合同时难以挽回已沉没的成本。

问题 4：如果合同执行期间，因为政策变动，如环保部提高污水处理排放标准，需要企业 A 追加投资或者购买技术才能实现达标排放，而企业 A 没有相应技术或者足够资金可以投入，双方可以协商重新修订合同，地方政府可以选择由政府追加投资、购买技术或者终止合同，寻找有能力的企业 B 延续合同，需要讨论的是：

给予投资还是终止合同？

终止合同应给予企业 A 什么程度的补偿？

关于这点，一些行业专家认为，提供公共服务的责任在政府，即使委托第三方，并不能转嫁这种责任，政策波动带来的风险应该由政府来承担。

问题 5：合同执行期间，因意外状况，导致污水处理不达标，谁应该承担什么责任。这里有两个司法原则是：①严格责任，即受约人企业 A 应该承担严格责任，不论企业 A 是否有过错；②经济有效，合同签订时不可能考虑到所有风险，其中的风险缺口，责任由能以较低费用承担风险的一方承担，如企业 A 可以通过增加药剂量、增加污水停留时间等方式缓解意外事故带来的超量污染物，那么企业 A 应该采取相应措施。例外情况是“履行不能”，即如果排放超过企业 A 的承受能力，那么企业 A 可以免责。

8.1.2 如何驱动政府与社会资本合作?

合同应该怎么定，才能吸引第三方，并且鼓励其不断完善技术，有效地投资，而不是抵制新技术和新企业。

从政府角度，希望可以找到可靠的公司，持续、稳定地将项目顺利运作十几年不出差错，并且有能力满足政府后续可能添加的、超过原定合同之外的各种提标改造等要求，同时服务价格还很低，让居民不为提价抱怨。

政府希望将“马甲”公司（仅仅是招投标时的项目法人，然后将项目转包）、没有经营能力的公司在初选时就淘汰掉，如用是否有运营资质、是否有此类项目的运作经验，企业声誉、资产规模等条件做招标时的门槛。

从企业角度讲：企业必须考虑各种风险，如人力成本提高、电价上涨、企业决策和操作失误及其他运作风险。考虑在现实的市场上，一个小型污水处理厂运营可能不需要高等级资质和很多人员，一个 3～5 人的小、微民营企业就可以做到，大企业对这类项目可能兴趣不大，同时，大企业运作的人力资本导致成本高，价格也不具有竞争优势，并且高等级配置也是浪费。如果用资质准入作门槛，一些小、微或者新企业，没有资质和声誉以及类似项目经验，只能依托大企业获得项目。

品牌声誉好、规模大、技术和管理先进的企业是政府愿意合作的对象，而环保企业的情况是，以往和地方政府发生纠纷的都是这样的跨国公司，法制健全和市场经济比较发达的国家文化背景使他们更有法律意识，使用法律武器维护自身利益成为习惯。这既是我们国有企业、民营企业的榜样，我国企业学会运用法律武器，为企业将来“走出去”做准备；这也是政府应当学习的对象，我们希望建立一个法治社会和市场起决定性作用社会、应该有契约精神和政企合作模式。

参考其他行业的外资品牌企业，从服装、家用电器到机动车，品牌企业不生产所有零配件，很多是分散外包给小企业，但是要严格负责产品的检验，对用户负责，承担产品的所有缺陷的严格责任。这也可以是我国的环保企业可选择的模式，大企业负责技术、监管、培训等，雇佣当地人负责日常、维护、运营等。

8.1.3　污染治理企业也会成为污染源吗?

环境服务公司本身也存在污染环境的可能性。在一些欧美公司，采用多种办法规避或者限制污染损害带来的赔偿额度，具体做法见专栏 8-1，这些方式也会出现在未来中国的市场，需要我们做出准备。

我们也可以从 2015 年 8 月发生在天津滨海仓库的爆炸事件发现类似的情况：企业从事非法的经营活动，发生事故造成的损失赔偿远远超过企业的资产，公司的资产来自银行借贷，债权人受偿的顺序优先，结果补偿群众的缺口不得不由国家财政弥补，而不仅经济损益的对象不合理，并且经济效率低下，社会总体为某企业的获取非法收入的行为付出代价。

（1）应对此类问题的建议。对有限责任公司、子公司的责任追索必须延伸，对上游高风险企业必须上强制险。

（2）建议可以采用上、下游方式。上游高风险企业强制参保，如果事故发生，企业必须主动采取措施降低损害，不管是否存在过错，企业都应该承担责任。同时，下游的污水处理厂在能力范围内尽量补救，额外的支出由保险公司承担。保险公司根据上游企业出险情况调整保费，并有积极性参与对企业的监管责任。

专栏8-1　欧美公司规避侵权责任的策略

第一，①破产。一家处理危险废料的企业准备长期经营理应极端小心，但它也可以采取非法行动任意倾倒，积累潜在的侵权责任到一定程度，超过其本身的资产。由于预期到未来的责任和破产情况，该企业会持续的分发利润，使资产保持不足，一旦非法行动被察觉和起诉，该企业宣布破产，其侵权受害人和其他未被满足的债权人就会取代企业所有者的位置。②成立子公司剥离风险业务责任。一家企业可以将它的风险业务转给旗下的一家子公司，而法院很少会因子公司的破产而强制执行母公司的资产。有证据显示，美国一些公司将风险业务剥离，并组建了更小的公司来从事经营活动。

而美国法院的应对策略是将侵权责任延伸到母公司，甚至是那些拥有破产公司股权的人们。

第二，对于其他非担保权人，包括侵权受害人，企业的担保权人在企业的破产程序中拥有优先受偿权。通过将公司的更大比例的债务借给担保权人，公司可以将其大部分资产从侵权受害人手中躲开索赔，从而避免损失。

第三，企业通常都会有预期收入，如应收账款，在所谓的"证券化"过程中，公司可以将预期收入转换为证券然后再把它们卖给投资者。证券化之后，预期收入就属于证券持有人，也不能作为赔偿侵权受害人的支付来源。

由于清偿能力不足而造成的预防激励的扭曲，还没有完美的解决方法。不完美的方法包括强制保险、发行债券或者以事前管制来代替事后责任。此外，用过失责任替代严格责任也可以改善这一问题。过失责任原则允许企业通过采取符合法定标准的预防水平来规避责任。如果已经规避了责任，企业就没有必要从侵权诉讼中防护自己的财产。相比之下，严格责任原则只是允许企业通过破产来规避责任。

资料来源：罗伯特·考特，托马斯·尤伦. 法和经济学（第五版）[M]. 史晋川，董雪兵译. 格致出版社，2011：353-354.

8.2　GPA 规则探讨

8.2.1　哪些服务采购必须履行 GPA 程序?

在研究过程中，我们也探讨，并和专家交流，关于对规则的理解，如规则中我们可以调节的弹性空间在哪里？双方可能采取的诉辩理由是什么？

（1）省、市级列在协定附件清单内，是否可以降低采购单位级别，以县级以下政府作为采购单位？

答案：可以。

分析认为：已列入开放清单的省、市[①]都是经济发达的东部地区，这些地区省、市一级的市政污水处理厂基本建设完成，覆盖了90%以上的市政污水处理量，新建污水处理厂多为县级甚至是小区级别，还有部分原有厂的扩建和提标改造。依据目前 GPA 规定，县级应该仍然可以自主采购。美国各州都自主权决定是否加入 GPA，美国本土的污水处理厂私有化程度很低[②]，并不需要通过复杂的国际招投标程序。

（2）以国有企业面临改制为由，列在政府采购主体清单之外，算不算作政府的延伸采购？

答案：谈判焦点，催促国有企业改制步伐加快。

分析认为：国有企业一直是对方关注的重点，其重要程度甚至高于对政府机构本身，在双方都关注的利益谈判焦点上谈判难度很大。如果列入，那么规模以上企业污染第三方治理都需要照规则办理。而且一旦列入政府采购主体清单，将来改制后很难撤出清单。2014 年中央提出的混合所有制、政府与社会资本合作（PPP）等也在倾向于改变国有企业的性质、淡化其作为政府延伸的色彩。

如果企业不列入政府采购实体的清单，就需要满足 WTO 一般商业的规则，

---

① 已列入开放清单的省、市为北京、天津、上海、江苏、浙江、福建、山东、广东。

② 吴健，熊英. 美国污水处理行业监管经验[J]. 环境保护，2012（12）.

需要注意是否享受了政府的特殊优惠政策。我国目前的国电企业的脱硫、脱硝都享受了国家补贴，有被诉“歧视性补贴”的风险。

（3）拆解项目使其低于门槛价是否可行？

分析认为：拆解项目使项目总价格低于必须采用政府采购招投标的门槛价，从而规避采购程序的做法是否可行？笔者认为：可行！前提是惯例如此，或者从计划实行招投标程序前一年，所有此类项目都是拆分的。依据是《政府采购协定》对合同价是否合理的判断标准为：“前 12 个月中或采购实体前一财政年度中授予相同类型货物或服务的续生采购（recurring procurement）的价值……”

（4）使用财政补贴是否合理？

分析认为：脱硫、脱硝设施的大规模上马的一个重要推动力是对上述设施的补贴，有助于迅速达到国家的减排目标，有助于空气质量的提高，但同时也埋下了一些隐患，理由有三：①补贴违反环境经济学的 PPP 原则。工业企业的污染治理理应是污染者付费，而不应该是享受国家补贴，换句话说，原本应该受到惩罚，结果是得到奖励；因为难以计量，所以补贴通常不能以治污效果为测算依据，因此企业也通常安装最廉价的设施，甚至可能只需要摆摆样子，而质优价高的产品没有市场，最终使补贴效果适得其反；本来是企业污染治理是环境服务需求的一个大市场，而现在演变成了政府垄断、价格管制的公益活动，企业的创新和活力无法施展。②补贴增加污染排放。根据非歧视原则，在我国生产的企业，不论是外企还是国企，都可以享受同样的补贴，环境成本没有计入，使企业生产成本降低，产品可以在价格上更具有竞争力，生产规模会扩大，资源能源损耗加快，污染排放增加、环境质量进一步下降。③补贴和其他政策之间存在协调问题，如正在推行的第三方服务无法享受补贴、在政策实施前安装脱硫、脱硝设施的企业也无法享受提前量的补贴，政令多变影响企业对政策的预期和积极性。

目前的环境优惠政策导向是从“补建设”向“补运营”环节转移，但是如果补贴思路本身有问题，那么环保产业应该使用什么扶持政策来促进发展？“依靠补贴不能促进产业的发展，甚至越补贴越影响产业发展”这一观点在中、外农业补贴上的例证多如牛毛[1]，事实上也是很多国家政府正在反思农业是否补贴过度问题。目前环境政策也在向“以奖代补”方向转变，即从“补贴”减排行为转向“奖励”实际减排成果。

（5）环境问题可否作为例外，影响到生命安全？

分析认为：通过稀土的案例可以反映出，把“破坏环境”作为出口限制的理由的前提是非歧视性，即对国内、国外使用同样的标准和限制。

8.2.2　WTO 的游戏规则对我国不利吗？

同我国法律体系不同，英、美法律体系属于判例法，英、美法体系规则很多是由一个个案件累计起来，之前案件的判决可以作为下一个案件的处理依据，就像一棵树，不断生长繁茂。WTO 的规则也类似，规定非常原则，而细节需要各利益相关者不断地博弈。英、美法案件不由法官而是临时组建陪审团裁决，WTO 每个案件也是临时组建专家组做裁决。一个关于贸易歧视的投诉案件在仲裁委员会做出判罚后，后面的事情就照此办理；如果下一个案件中，曾经败诉的一方理由充分，也可能胜诉、改变规则。

我国也希望提高地位、拥有制定规则的话语权，让规则有利于己方。那么，首先需要研读历史案件的各个细节、逻辑严谨、论据充分，并且在实战中积累经验。在这方面，我们还刚刚启蒙，甚至可能不了解自己到底想要什么规则，用什么理论可以支撑这个规则（我们所学所用的都是西方的管理理论和经济理论），怎么制定规则才能真正保护自身利益。我国经济总量的提升也让我国国际地位得到提升、要承担更多的国际责任，广交友、不称霸，一旦拥有了话语权也必须维护规则公平性。

---

① 喻涛. 奶农倒奶，不是资本主义的错. http：//weibo. com/p/1001603800824408055200.

据经合组织估计，平均每 100 美元的农业产值中，有 20～30 美元来自政府补贴。有观点认为，由于政府的巨额补贴，美国与欧洲的农业才强大。其实不然，对于农业，政府补贴越多越是削弱竞争力，因为那些本来缺乏竞争力的企业在市场上理应被淘汰，补贴的存在使其依然可以生存，如果领补贴比讨好消费者还划算，没人愿意去市场上冒险，这阻碍了商业发展和技术创新。另外，为了使本国农业免受外国的竞争，许多国家对农业实施了各种各样的贸易保护主义政策。一国的消费者最终为这些政策埋单，他们只能买价高物不美的产品。80%的农业补贴最终落入排名前 20%的大农场主口袋，补贴农业加剧了不公。

虽然欧美利益集团也是左右其政府行动的强大力量，谈判对手一定有其利益所在，但是我们也没有理由怀疑一切游戏规则都是针对中国设置的阴谋，因为制定规则的时候还没有发生“中国加入”这一事件，否则我们根本不用考虑加入 WTO。

8.2.3 一美元换一美元可否实现?

一些学者认为：在政府采购的谈判中，要保护中国的利益，就不能遵循谈判双方开放的行业领域口径对等的原则，而应该争取双方所开放的市场规模等价的谈判结果，这样才公平。因为中国市场巨大，同样开放环境服务领域，中国开放的市场规模远远超过很多其他参加方。

笔者认为：“用一美元的出口市场换一美元的进口市场”是理想化的状况。①市场是变化的，一部分可以被预测，但是还有很多新的需求可以被创造出来。尤其是在发展迅速的中国，新的标准、新的法规政策会带来新的市场，如 $PM_{2.5}$ 突然受到空前关注后，一年能够创造上千万元产值的新市场。所以谈判期考虑的“一美元换一美元”未必是将来的市场状况，靠目前预测的数据难以保证实现将来的进出口贸易总额的平衡。②中国的某一领域市场规模可能超过其他参加方的全部市场规模，即使对方愿意也无法真正实现，反而限制了我们自己的开放空间。③如果中国确实认同自由贸易会带来共同繁荣，并且降低产品价格和减少进出口环节的成本的观点，那么开放更多领域并不会让我国利益受损，反而让中国消费者享受更多实惠，既无需到国外抢购，也无需为了套利或者避税，在同质产品上就其身份是中国制造还是外国制造的问题上花样百出地做文章。所以，与“一美元换一美元”相比，“取一套二看三”的博弈策略更有战略眼光。

8.2.4 管理转型增加了哪些成本?

规则变化会带来转型成本的增加，除了制定规章本身的成本外，更多的是来自对新规则的学习和适应。新增加的成本发生在以下 3 个主体上：①对地方行政管理部门，管理方式由原来的行政控制式转变为法制契约式，让管理部门的控制力降低，风险增加[①]，政策调节的空间变小。为了适应透明度等原则，未来新出台的政策都必须通过合规性审查才能出台，否则，为了本国国内社会公平、经济发展或者政治考量出台的政策很有可能面临来自其他国家的质疑，指责其违背 WTO 贸易自由化的原则[②③]，应对这些质疑，将政策合理化、合规化束缚了管理者的手脚；相关管理规章的协调、梳理、修订、解读、培训等也是转型成本。②对企业，前期投入的社会关系或许将变成沉没成本，有的可能尚未得到回报，以前习惯的规则发生改变，需要重新适应和学习。③公众，过去享受的低廉的市政服务不能维持，会通过缴纳税、费的方式反映在日常生活开支增加上，也会由于生产成本提高，反映在产品价格的提高上。

如果转型能带来整体社会经济增长，那么虽然转型成本增加，但是该成本所占比例将小于转型前的情况，那么这个成本的付出是值得的。从我国加入 WTO 后迎来的经济高速增长的状况来看，市场竞争规则的引入带来了繁荣，付出转型成本，回报是很高的。

8.3 加入 GPA 的环境影响分析

8.3.1 环保部门要面对哪些特殊问题?

经济高速增长带来了环境资源快速消耗，出口增长、生产规模扩大带来了污

① 由国有资本控制的市政公用行业管理起来相对简单，“国资委”作为能够直接干预企业行为的资产管理部门，让政府在维持行业稳定性方面有了强有力的抓手，而现在向民营资本放开市政公用行业，国资委这个有效工具“失效”了，如何形成一套新的行业监管机制，地方政府并没有做好准备，在地方法规发条不健全的情况下，尤其不敢贸然启动改革。(中国水网《蓝皮书 50：环境产业推进混合所有制改革的意义和实践思路》2014.9.3)

② 关于停止执行《自主创新产品政府采购预算管理办法》等 3 个文件的通知（财库〔2011〕85 号）。经研究决定，自 2011 年 7 月 1 日起停止执行《财政部关于印发〈自主创新产品政府采购预算管理办法〉的通知》（财库〔2007〕29 号）、《财政部关于印发〈自主创新产品政府采购评审办法〉的通知》（财库〔2007〕30 号）和《财政部关于印发〈自主创新产品政府采购合同管理办法〉的通知》（财库〔2007〕31 号）3 个文件。财政部官网. http：//gks. mof. gov. cn/redianzhuanti/zhengfucaigouguanli/201106/t20110628_567649. html.

③ 财政部叫停政府优先采购自主创新产品规定. 第一财经报，2011-07-01.

染排放增加，如何在政府采购项目文件中嵌入环境标准是环境部门的首要职责，日本是采购技术最细腻的国家，欧盟等有绿色采购的指令和专业顾问团队，帮助政府在不违反规则的情况下，获得最清洁的项目。

日本是在采购原则放开，采购技术细节精密设计著称的，其他国家很难通过它的技术要求中标，通过技术细节标准的提高来设置隐形门槛，也可以成为技术壁垒。在以往的绿色壁垒中，中国的食品、纺织品是受到挑战最多的行业。例如，日本对我国的稻米进口将检测指标由 23 项增加到 121 项，其中很多农药是我国从来不使用的，也要进行农残检测；对我国菠菜的农残限量标准为不超过 0.01ppm，而对其本国的白菜限定为 1ppm，尽管很难说白菜的农药残留对人的影响会 100 倍地小于菠菜[①]。而中国在标准的制定方面远远落后于其他国家，这也是被隐形门槛挡在门外的原因。

8.3.2 贸易自由、市场竞争就一定会带来效率的提高和产值的增长吗？

分析认为：西方经济学理论支持“贸易自由、规模扩张、分工细化都是现代工业生产提高效率的方式”这一观点，也是 WTO 一类贸易共同体存在的基石。“市价”是唯一不会导致租值消散的方式，即使是对资源的竞争性使用也是，不论有无私有产权[②]，这一判断支持对环境资源使用应遵循统一原则。但是“市价”也是需要付出昂贵代价才能实现的，全世界没有一个实现完全市场化的国家，欧美政府也往往是成为利益集团的代言人。[③]

8.3.3 市场化运作一定会带来环境质量的提高？

分析认为：单纯的市场化运作并不一定带来环境质量的提高，需要相应的监管能力匹配，也需要与地方实际情况相适应。以美国为例，其污水处理厂就是从私有私营转为公有公营为主，主要原因是污水处理的利润不高、吸引力

---

① 高志前，马涛，孙静，等. 绿色：是环保还是壁垒？[J]. WTO 经济导刊，2004，6：13-16.

② 张五常. 制度的选择[M]. 中信出版社，2014.

③ 曼瑟尔·奥尔森. 集体行动的逻辑[M]. 陈郁，郭宇峰，李崇新译. 北京：格致出版社，2014.

不强，提高收费困难、需要取得公众同意等一系列程序，私营企业倾向于降低成本的方式来谋利，所以美国通过立法手段将各州的私营企业收归国有[①]。而其他国家经历的过程都不尽相同，法国污水处理企业就是私有化为主。

8.3.4 进一步扩大贸易自由化范围会不会导致环境质量进一步恶化?

分析认为：加入 WTO 10 年有很多总结回顾的文章，其中也有很多文章是分析巨大的贸易顺差下的“环境逆差”[②③]。研究表明：①加入 WTO 10 年来，经济发展带来的规模效应对我国环境造成的压力远远超过结构和技术效应带来的正效益；经济增长带来环境治理投资的增加，技术溢出带来的环境治理效果的提升而且节省了科研经费、缩短了研发周期，但是高污染、高能耗产品的生产规模扩张将上述的正效益全部抵消。②原本期待通过结构调整能够提高环境质量，但是实际情况是，从能源消费量上看出，我国的能源消耗总量不但没有减少，甚至连产业结构调整方向都正朝着能源消费增加发展。③加入 WTO 后，重污染行业的出口额比重加大，且发展迅速；重污染行业对出口贸易增长拉动作用逐年提高。[④，⑤，⑥]

加入 WTO 后，我们在环境账上是负值。继续放开政府采购市场，会不会把我们更加牢固地绑定在生产链的低端，继续消耗宝贵的环境资源、满足发达国家的市场需求？如何改变这一恶性循环，是环境政策切入经济发展部门的重点。

回顾刚刚加入 WTO 时关于环境与贸易问题的探讨[⑦]，一些学者的态度是充满疑虑的：担心以环境标准为由的贸易限制会严重妨碍我国产品的出口、降低产品的竞争力，发达国家将其过度严格的环境标准向我国输出，而我国现有的技术水

---

① 吴健，熊英. 美国污水处理行业监管经验. 环境保护，2012（12）.

② 李娜. 过去十年贸易与环境政策述评[R]. 环境保护部环境规划院，2014.

③ 胡涛，吴玉萍，沈晓悦. 我国对外贸易的资源环境逆差分析[J]. 中国人口·资源与环境，2008（2）：204-207.

④ 李娜. 入世十年贸易自由化对中国环境的影响[R]. 环境保护部环境规划院，2012.

⑤ 彭菲，於方，王金南等. 2001—2006 年我国出口贸易的环境影响分析[R]. 中国环境政策，2008.

⑥ 北京师范大学科学发展观与经济可持续发展研究基地等. 2011 中国绿色发展指数报告——区域比较[M]. 北京：北京师范大学出版社，2011：123-127.

⑦ 埃文，塔罗索斯基，苏静. 绿色诱惑还是绿色帝国主义？——WTO 关于贸易与环境的争论. WTO 经济导刊，2004（6）.

平难以达到，因此陷入被动的局面，长期的增长和发展就会受到威胁。10年过去了，中国迅速成长为全球经济总量和进、出口总量的第一大国。这一事实也许可以化解对我们提高环境标准的疑虑。

除了上述探讨的一些问题外，还有很多重大问题需要进一步研究，如标准合同模板的普适性——我们期待有个标准模板可以让我们减少将来执行中的争议，但是任何合同都不会将所有风险都考虑在内，也就是会存在“缺口”，这些缺口的存在同时也可能是道德、文化和长期合作形成“共识”。但是在国际贸易中，从不同的社会文化、法律观点和市场基础出发的贸易对象，对同一交易的风险和共识肯定是不一致的，因此制定一个普适的标准合同就愈发困难。又如环境要求如何纳入其他行业的采购项目的招标文件中，在欧美，环境专家也被聘请为顾问参与其他行业的招标程序中。我们必须对环境风险作出预判、提前制定相应的标准，以应对将来的争议，等等。笔者也期待有更多法律、经济、管理和环境专业人员和熟悉基层工作、实际操作的同仁投入这一领域的研究。

附件：美国扶持环保产业的策略及启示

从美国的环境产业发展状况来看，美国政府为了促进市场需求，不断地出台更加严格的法律法规，并且帮助企业拓展海外市场。从2011年底的发布美国在中国使馆的$PM_{2.5}$监测数据到2012年收获监测仪器大笔订单的战役来看，美国的中国市场战略是相当成功的。从近几年美国在各种与我国政府高层会晤中，通过施加压力促成的协议和让步，举办各类培训、国际会议的商会活动来看，获取市场目的也是相当明确的。美国政府在制定并执行长期、多部门协作的一体化战略运作上有很多值得我们学习和借鉴的地方，我国若想在GPA谈判中赢得主动权，必须充分了解对方的战略、战术和意图，才能主动应对。

1 美国进军中国环保市场的经典战役

金融危机之后，世界各国都在努力调整发展战略和投资方向，寻求经济复苏的新的增长点，其中“低碳经济”“绿色经济”“生态经济”“节能环保”等虽然名称千变万化，但概念本质与广义环境产业紧密关联的领域是各国复苏战略的共同选择，同时也是发达国家向发展中国家技术出口的热点，各类国际谈判争论的焦点。选择环境产业的原因除了对资源、环境与经济可持续发展关系的认知外，更重要的一个原因是环境产业自身的特点，即政府主导的公用事业、需求增长刚性、技术密集型、利润回报稳定等①。尤其是中国、印度、巴西等许多发展中国家的环

① 环保产业涉及技术、装备、产品、材料、工程、服务等各个方面，与国民经济的很多行业具有全方位、多层次的关联作用。环保产业的发展，一方面增加了污染治理能力，为改善环境质量提供了条件；另一方面，由于环保产业渗透于过敏经济的各个环境，具有产业链长、涉及面广、影响力大等特点，其发展也带动了相关产业技术升级和产业结构调整、增加了就业机会、促进了社会的稳定与和谐。

——关于《环保系统进一步推动环保产业发展的指导意见》编制说明。

境市场，潜在市场规模大，发展速度快，如同大片未被开垦的新大陆吸引着发达国家的目光。

2011年底，美国用公布驻华使馆空气质量“$PM_{2.5}$”监测数据一个小小行动就让全中国老百姓似乎一夜之间就“了解”了大气环境质量，第二年就简明、直接、凭空在我国创造了22亿元的监测仪器市场，当然美国产仪器占据了大部分份额，这才是第一年，购置这些仪器勉强覆盖部分重点城市，后续的中、小城市以及拉动的治理项目整个产业链何止千亿元。这一“四两拨千斤”的举动让我们不由得对美国战略产生敬畏和浓厚的兴趣。根据美国EBI一份美国2010年环境产业评估报告，我们可以大致了解美国产业在全球及我国环保市场的策略。

从一份2010年美国产业评估报告中可以鲜明地看出：美国是世界上最大的环境产业生产国、消费国和出口国，2008年美国国内环境市场占整个全球环境市场的40%左右，美国在其海外市场（非美国市场）占有10%份额，即金融危机之前，美国拥有将近50%的全球环境市场份额。但是美国在慢慢失去绝对优势，近几年其环境产业增长速度低于全球整体市场发展速度。

在美国国内，环境产业市场的增长动力正在逐渐减弱，美国和发达国家在传统的环境污染防治产业市场上发展空间较少，发展中国家市场仍然广阔。在增长最快的新兴发展中国家市场上，中国市场最令人关注，是美国出口的主要国家和市场增长较快的国家之一。另外，新能源技术也具有强劲的增长需求。在这些市场上，美国的主要竞争对手是西欧和日本。近几年西欧（法、德）等国家企业成功收购了一部分我国水务市场份额。同时，在新能源技术出口比例方面，美国也略逊于西欧和日本，甚至我国的再生能源技术也以其极其低廉的价格取得一席之地。

美国环境行业协会对进入我国市场的几个主要障碍分析如下：“第一，公关关系和营销手段没有欧盟和日本到位；第二，中国对环境标准和法律执行不严格，潜在的市场需求没有得到释放；第三，中国对本国企业的各种财政补贴等公共政策使别国企业很难竞争；第四，中国政府采购程序不透明和各种复杂的文件和标签要求；第五，环境基础设施建设需要大量投资，美国中小企业很难承受；第六，中国环境产品关税高达40%；第七，对专业服务的各种限制。”

对此，美国制定了政府、商会、银行共同协作帮助美国中小企业“走出去”

的战略。从美国近几年的 GPA 谈判的策略也可以印证美国商务部在为企业破除障碍方面做的努力：①通过 GPA 谈判。促进中国增加中国政府采购程序、相关法律法规的透明度，促使其与国际标准统一，降低企业的行政成本。②通过谈判降低关税，降低企业成本。③将环境服务合同独立于工程合同，解脱企业必须承担工程投资资金的负担。在此之前中国的 BOT 项目较多，建设和运营常常捆绑在一起，独立的服务市场尚未建立起来，最新提出的“环境综合服务”“环境合同管理”等就是一种典型的类型。④通过谈判要求外资企业同中国企业享受同等待遇，即要求政府补贴、优惠政策同样作用于美国独资企业。⑤帮助中国提高环境执法和标准制定能力，拉动市场需求，如从无到有，将 $PM_{2.5}$ 新指标变成环境规划、空气标准、空气监测的常规指标。⑥通过中美联合商会 10 年的运作，开展各种培训、会展、会议、出版形式，安排企业和政府官员活动，营造良好的商业氛围。⑦除了要求美国商业银行为企业提供资金外，也为企业寻求世界银行、亚洲开发银行等多边银行的各种资金帮助。

我国在 GPA 谈判中有提高环境质量和促进环保产业发展的双重目标，美国也是谈判中的重点对手。在此，我们建议针对美国的 GPA 谈判中上述隐形目的制定谈判策略，借鉴美国经验，政府、协会和银行共同制定和实施对中国环保产业发展的整体战略。

详情参见下节。

2　美国的环境产业市场竞争状况及与中国的比较

本部分依据 2010 年美国国际环境商业公司[①]（Environmental Business International，EBI）网站上公开的产业评估报告，采用的数据是 2004—2008 年，虽然数据不是很新，但是那个时候金融危机尚未发生，世界经济局势比较平稳，数据中干扰因素小，可以让我们了解美国当时对世界以及我国市场形势的判断。

① 该公司成立于 1988 年，位于美国加州圣地亚哥，其行业调查数据常被能源与环境部国际贸易管理办公室 The International Trade Administration’s（ITA） Office of Energy and Environmental Industries（OEEI）采用。尤其是环境服务业数据，因为美国行业分类中，环境服务的贸易数据也同中国一样没有对应货物编号，比较难以追踪。

（1）美国环保产业发展状况。环境产业发展驱动力来自不断增长的市场需求，这一需求并非自发产生而是严格的环境法律催生的。从附图 1 上可以看出，1988—2008 年，美国环境产业的发展速度并不平稳，起伏很大，美国国内环境市场发展的驱动力来源于美国的清洁水法、清洁空气法、资源保护和回收利用法、环境责任与赔偿综合法等法律的颁布和严格执行，但是这些法律的驱动作用正在慢慢减弱。2008 年，美国环境产业的微跌 0.3%，创历史新低，而与此同时，西欧和日本企业依靠新能源技术市场大获成功，迫使美国不得不在国内出台新的、更加严格的法规外，更加努力地开拓新的市场。

美国的环境产业主要包括空气、水、土壤污染控制和修复、固体废弃物的管理、回收、循环利用，环境监测以及可再生能源等，2008 年总收入为 3 000 亿美元，其中服务业占 47%，设备占 21%，资源占 32%（附表 1）。2008 年全球环境市场约为 7 820 亿美元，美国是世界上最大的生产商和消费者，美国国内市场占了全球环境市场的近 40%，为 2 995 亿美元，美国环境产业的出口额为 438 亿元，占有 8.9%的海外市场。从出口的优势产业来看，出口占比最高的行业分别是资源回收（58%出口）、仪器和信息系统（46%出口）、水处理设备和化学品（36%出口）和空气污染控制（16%出口）。

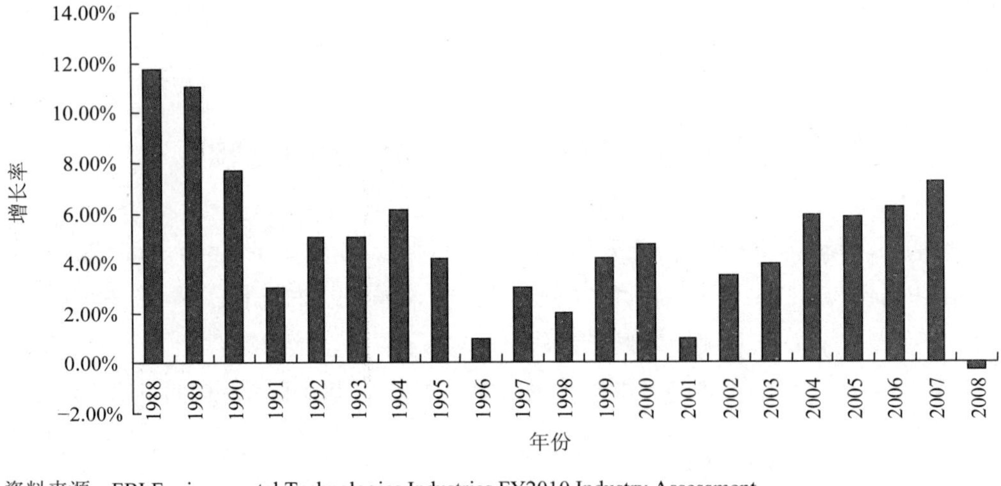

资料来源：EBI.Environmental Technologies Industries.FY2010 Industry Assessment.

附图 1　1988—2008 年美国环境产业增长率示意图

附表 1　2008 年美国环境产业分项收入和出口份额

项目	产业收入/10 亿美元	出口比例/%
设备		
水处理设备和化学品	28.5	36.2
空气污染控制	18.0	16.2
仪器和信息系统	5.9	46.0
废物管理设备	11.4	25.0
过程和控制技术	1.9	8.0
服务		
固体废弃物管理	53.1	0.3
危险废物管理	9.2	1.0
咨询与工程	27.1	12.8
修复/工业服务	12.5	6.0
分析服务	1.9	7.4
水处理厂	40.7	0.6
资源		
水利水电	39.2	0.2
资源回收	28.5	58.0
清洁能源	21.5	16.0
合计	299.5	14.6

资料来源：美国国际环境商业公司（Environmental Business International，EBI）Environmental Technologies Industries. FY2010 Industry Assessment.

数据说明：美国产业收入指世界范围内美国公司的收入，所以出口美国市场仅指美国国内市场收入，出口收入不包括海外公司收入，但包括返回美国的利润。

从产业结构上看，美国环境产业共有约 11.9 万个公司，从业人员 170 万人。其中 99%的私营企业为中、小企业，占据了 20%的市场份额，1%为规模以上企业，占据 49%的市场，还有 31%的市场为公共（企）事业份额。

（2）传统环境市场萎缩，中、印等新兴市场旺盛，美国在新能源市场与西欧和日本竞争激烈。

从全球环境市场竞争力来看美国环境产业，美国在其海外（非美国）环境市场上的份额逐渐提高，从 1997 年的 5.7%到 2007 年占 9.8%的份额，美国环境技术出口对象遍布全球，按金额排在前 3 位的墨西哥、加拿大和中国（附表 2），但是北美、西欧等地区近年来增长率不高，2004—2008年四年中加拿大增长了22%，墨西哥16%，德国56%，法国24%，而“金砖五国”——中国、印度、巴西、南非、俄罗斯的增长率分别是84%、146%、157%、104%和45%，其他发展中国家南美的委内瑞拉、亚洲卡塔尔等地区也是增长迅速的地方，增长率分别为216%和816%，北非利比亚为3 363%，非洲马达加斯加为9 616%，对日本、中国香港和中国台湾地区是负增长，分别为−9%、−2%和−45%。受到金融危机的影响，美国2009年的出口额迅速降低到了2005年的状况，4年努力之后又跌回到了过去，但是在中国市场下滑比较小，而印度市场是唯一一个不降反增的例外。从这些数据对比可以看出，中、印市场对美国是多么重要！虽然非洲地区增长率很高，但是其基数低，每年只有一两千万美元，只是对中国出口额的10%，更重要的是政局不稳，投资风险很高，不能算是很好的投资方向。

附表2　2004—2009年美国环境技术出口前20位的国家

FAS值[①]单位：10万美元

序号	国别	2004年	2005年	2006年	2007年	2008年	2004—2008年增长率/%	2009年*	2008—2009年增长率/%
1	加拿大	6 268	6 664	7 272	7 422	7 639	22	6 544	−14
2	墨西哥	4 213	4 232	4 540	4 713	4 896	16	4 149	−15
3	中国	1 694	1 903	2 320	2 633	3 119	84	2 947	−6
4	德国	1 740	1 991	2 373	2 651	2 717	56	2 491	−8
5	日本	2 252	2 193	2 681	2 316	2 047	−9	1 468	−28
6	英国	1 194	1 219	1 291	1 411	1 468	23	1 198	−18
7	韩国	1 052	1 116	1 256	1 746	1 499	42	1 162	−22
8	新加坡	930	961	1 171	1 226	1 196	29	1 150	−4
9	法国	874	9475	1 150	1 096	1 086	24	968	−11
10	巴西	342	397	492	637	881	157	799	−9
11	荷兰	728	819	815	778	807	11	710	−12
12	澳大利亚	462	495	548	618	755	63	671	−11
13	印度	257	350	404	597	631	146	661	5
14	意大利	432	497	566	614	693	60	606	−13

① FAS，Free Alongside Ship，船边交付价，类似我们常用的离岸价FOB，即离开卖方国口岸的价格，买方入关关税和运费由买方承担。

序号	国别	2004 年	2005 年	2006 年	2007 年	2008 年	2004—2008 年增长率/%	2009 年*	2008—2009 年增长率/%
15	比利时	421	411	472	598	689	63	599	−13
16	沙特阿拉伯	188	219	367	493	554	195	576	4
17	中国台湾	1 429	1 328	1 340	1 096	779	−45	562	−28
18	中国香港	564	536	545	561	554	−2	556	0
19	马来西亚	415	408	499	452	457	10	428	−6
20	阿拉伯联合酋长国	177	189	258	376	497	174	426	−14
前 20 名小计		25 632	35 403	30 360	32 034	32 964	29	28 671	−13
全部出口市场合计		29 750	31 606	35 794	38.505	40 866	35	35 784	—

* 2009 年受到金融危机影响，市场剧烈下滑。

资料来源：EBI.Environmental Technologies Industries.FY2010 Industry Assessment.

在过去的 10 年里，美国环境产业也经历了重大的调整，尤其是在水务部门。显然不论是在美国市场还是中国等海外市场，一些欧洲公司（如法国威立雅、苏伊士、德国 RWE 和西门子）成功地购买了包括美国在内的一些国家的水务资产，在全球经济低迷的情况下，仍然实现了利润增长。

（3）我国环保产业发展状况比较。我国的环境产业在“十五”“十一五”期间也得到快速增长，以传统的水、气、固废污染治理为主，其中污水和垃圾处理设施建设增长了一倍，处理率也提高了一倍。根据 2014 年发布的《第四次全国环境保护相关产业综合分析报告》数据显示，2011 年包括资源综合利用在内，我国环保产业营业收入总额达到 30 752.5 亿元，占 2011 年 GDP 的 6.5%，营业收入比 2004 增加了 5.73 倍，年均增速超过 31.3%，从业人员达到 319.5 多万人，比 2004 年增长了一倍。规划“十二五”环保投资将达到 3.4 万亿元，占同期 GDP 的 1.35%，环保产业产值为 4.92 万亿元，带动治理设施运行服务费用 1.05 万亿元，环保产业就业 512 万人。

与美国相比，我国环保产业存在以下不足：①我国的环境服务市场并未培育起来。业内调查显示，环境服务业份额只占整个产业的 10%～15%，我国出口项目以工程承包为主，多在亚洲、非洲的欠发达地区。②单位劳动产值低。我国单位劳动力的产值大约为 27 万元人民币/（人·a），美国为 17 万美元/（人·a），我国单位劳动力产值只有美国的 20%左右。③产业集中度低。行业内固定资产在 1 500 万元以下的企业占 90%以上，排名前 10 位的水务公司日污水处理能力仅占全国的 20%。④产业结构不平衡，低水平制造能力过剩，市场急需的关键技术储备不足，新技术推广应用难度较大，部分重点领域的关键技术和重大装备还依靠进口，技术水平与发达国家有一定差距，自主创新能力不足。⑤环境咨询、设施运营等环境服务业发展仍然滞后，污染治理市场化、社会化、专业化程度不高（工业企业污染治理设施市场化运行只占 5%），合同环境管理机制、环保基础设施和脱硫装置特许经营等市场化节能环保服务尚未广泛推广。⑥中小企业扶持政策不到位。美国也同样存在 99%的中、小企业，不同的是美国有中、小企业保护法来维护他们在美国国内市场的订单份额。我们在产业政策方面更多的是考虑技术革新和产业重组，做大做强国有企业。

3 美国企业的海外市场障碍及政府的协助策略

（1）美国的企业同样面临出口障碍，既有关税壁垒也有非关税壁垒。美国国际环境商业公司 2010 年的产业评估报告指出：虽然发展中世界正在逐步接受环境保护和发展管理政策的新框架，但是美国企业要扩大出口还是有很多障碍需要克服，既有关税壁垒也有非关税壁垒。在目前的大多数新兴国家环境产品平均关税已经很高，为 15%～20%，但是在中国、菲律宾、马来西亚、巴西等国家，部门产品关税甚至达到 40%。另一个重要原因是这些国家环境监管和执法弱也是影响其环境市场需求增长的重要原因。

非关税壁垒还有技术标准过于苛刻、标签、包装和文件要求，不透明的政府采购程序和程序、对专业服务、投资、所有权等各种限制以及对产品设计、生命周期和回收的各种要求，不一而足。

本土环境企业可以享受到该国政府的各种补贴更是让美国企业觉得很难竞争，此外，美国企业缺乏国际经验、也缺乏资金来投资大型的设施建设。

可以看出，美国企业“走出去”也并非易事，同我国企业一样面临各种障碍。

（2）政府、商会、银行共同扶持美国中小企业“走出去”战略。为了帮助环境企业拓展海外市场，1994 年美国政府制定了“环境技术出口行动”（Environmental Technologies Export Initiative），在提高环境企业国际竞争力和扩大出口扮演着重要角色。行动的成员包括政府、银行和商（协）会。具体分工行动如下：

能源与环境部（Office of Energy and Environmental Industries，OEEI）和环境技术贸易顾问委员会（Environmental Technologies Trade Advisory Committee，ETTAC）是美国政府环境贸易问题的主要顾问，负责包括环境产品分类、环境贸易障碍识别、环境贸易战略等问题的研究，重点放在中国和印度市场。

美国进出口银行、贸易发展局、美国海外私人投资公司努力为环境产业提供更多贷款，并且帮助企业寻求多边银行（如世界银行、亚洲开发银行、欧洲重建和发展银行）提供的国际发展基金项目。

许多行业协会积极参与国际贸易管理办公室（The International Trade Administration's，ITA）的国际采购计划，包括美国水工程协会、水质量协会以及水环境联合会，为国外买家牵线搭桥，并积极参与促进贸易自由化和标准国际化的进程。

在过去 10 年里，在美国商务部领导下，中美联合商会（JCCT）环境工作委员会具体运作，通过各种政策和项目将美国环保局、中国文化部、中国环境保护部联系到一起，促进环境贸易快速发展，如 2008 年第一届中美环境产业论坛召开，促进了两国私营部门对话，还有其他的活动，如水环境联合会技术展览和年会、技术示范、培训、研讨会、出版物等，为美国环境企业营造良好的商业环境。

简言之，政府、商会和银行共同配合为企业“走出去”扫清海外市场政策、法规、标准、程序、外交、公共关系以及资金障碍，这就是美国战略的核心。

参考文献

[1] 陈青，常杪. 市政债券与政府性基金在美国污水设施建设中的应用比较——环境公共财政实践与展望[M]. 北京：中国环境科学出版社，2010.

[2] 熊英，吴健，俞东芳. 美国污水处理行业运营管理经验//中国水污染控制战略与政策创新[M]. 北京：中国环境科学出版社，2012.

[3] 周杰，张梓太. WTO 体系下贸易与环境的法律协调——发展中国家视角[M]. 北京：科学出版社，2005.

[4] 刘小川，唐东会. 中国政府采购政策研究[M]. 北京：人民出版社，2009.

[5] 财政部国库司. 政府采购法律法规工作手册[M]. 北京：经济科学出版社，2008.

[6] 商务部世界贸易组织司. 政府采购协定[M]. 北京：中国财政经济出版社，2009.

[7] 理查德•波斯纳. 法律的经济分析（中文第二版）[M]. 蒋兆康译. 北京：法律出版社，2012.

[8] 罗伯特•考特，托马斯•尤伦. 法和经济学（第五版）[M]. 史晋川，董雪兵译. 北京：格致出版社，2011.

[9] 张五常. 经济解释（四卷）[M]. 北京：中信出版社，2014.

[10] 曼瑟尔•奥尔森. 集体行动的逻辑[M]. 陈郁，郭宇峰，李崇新译. 北京：格致出版社，2014.

[11] 瓦尔特•欧肯. 经济政策的原则[M]. 李道斌，冯兴元，史世伟大译. 北京：中国社会科学出版社，2014.

[12] 张维迎. 通往市场之路[M]. 杭州：浙江大学出版社，2012.

[13] 中国财政部政府采购网 http://www. ccgp. gov. cn/.

[14] 中国住建部 http://www. mohurd. gov. cn/.

[15] 中国水网 http://www. h2o-china. com/.

[16] 新加坡联合早报网——名家专评 http://ec. europa. eu/environment/gpp/index_en. htm.

[17] 世界贸易组织 https://www. wto. org/english/.

[18] 欧盟——绿色采购 http://ec. europa. eu/environment/gpp/index_en. htm.